Christiane Todt-Höhndorf
Museum Kuriosum
Ungewöhnliche Museen in Deutschland

Christiane Todt-Höhndorf

Museum Kuriosum
Ungewöhnliche Museen in Deutschland

Bibliographische Information der Deutschen Nationalbibliographie
Die Deutsche Nationalbibliothek verzeichnet diese Publikation
in der Deutschen Nationalbibliographie;
detaillierte bibliographische Daten sind im Internet
über dnb.d-nb.de abrufbar.

Impressum
© 2015 Christiane Todt-Höhndorf, Düsseldorf, www.christiane-todt.de
Titelbild: © Deutsches Currywurst-Museum, Berlin
Umschlaggestaltung: Grafisches Atelier Andreas M. Wittig, Düsseldorf
Herstellung und Verlag BoD – Books on Demand, Norderstedt
1. Auflage, Deutschland, Oktober 2015
ISBN 978-3-7392-4162-3

Inhaltsverzeichnis

Vorwort 7

Wichtige allgemeine Hinweise 12

Museen in alphabetischer Reihenfolge... 13

    01 Bonbon-Museum... 14

    02 Bratwurst-Museum 18

    03 Buddelschiff-Museum 22

    04 Buddha-Museum 26

    05 Cadillac-Museum 30

    06 Currywurst-Museum 34

    07 Drehorgel-Museum 38

    08 Duft-Museum 42

    09 Faltboot-Museum.. 46

    10 Fingerhutmuseum 50

    11 Flipper-Museum 54

    12 Friseurmuseum.. 58

    13 Gewürzmuseum 62

    14 Giraffen-Museum 66

    15 Hubschraubermuseum 70

    16 Hut-Museum 74

    17 Käse(Brot-Schinken-Bier)-Museum 78

    18 Knopfmuseum 82

    19 Lippenstiftmuseum 86

    20 Lügenmuseum 90

    21 Luftmuseum 94

    22 Mausefallen- und Kuriosa-Museum 98

23 Milbenkäse-Museum 102

24 Nachttopf-Museum 106

25 Nummernschild-Museum 110

26 Pfefferminz-Museum 114

27 Scherenschnitt-Museum 118

28 Schnaps-Museum 122

29 Schnarchmuseum 126

30 SchweineMuseum 130

31 Ski-Museum 134

32 Waloseum 138

33 Weihnachtsmuseum 142

34 Weißwurstmuseum 146

35 Zündholzmuseum 150

Museen nach Themengebieten 154

Vorwort

Auf die Idee, ganz außergewöhnliche Museen in einem Führer zusammenzufassen, kam ich ganz zufällig innerhalb des letzten Jahres. Im Frühjahr fuhren mein Mann und ich an die Nordsee und dort faszinierte mich das Waloseum in Norddeich. Unseren jährlichen Wanderurlaub verbringen wir im Allgäu und durch eine zu fahrende Umleitung kam ich erstmals am Hutmuseum in Lindenberg vorbei. Einige Wochen später stolperte ich bei einem Einkaufsbummel durch unsere Nachbarstadt Köln über das dortige Duftmuseum.

Ich bin ein begeisterter Anhänger von allen außer- und ungewöhnlichen, kuriosen, skurrilen und extremen Gegenständen. Ich liebe Dinge, die auf den ersten Blick anders erscheinen, als sie in Wirklichkeit sind. Bereits als Kind war ich von der Kunst Salvador Dalis tief beeindruckt. Das Unerwartete macht mich neugierig. Kompositionen, die vorher niemand auf diese Art und Weise zusammenstellte, begeistern mich. Ebenso bin ich nun von all den doch sehr ungewöhnlichen Museen beeindruckt, die mir in der letzten Zeit begegneten.

Bereits als ich vor über 20 Jahren von der Eröffnung des Schokoladenmuseums in Köln in der Zeitung las (welches in diesem Führer übrigens nicht enthalten ist, einfach weil es schon viel zu bekannt ist, selbst weit über die Landesgrenzen hinaus) fand ich das gleich ganz großartig. Ein Museum nur für Schokolade? Auf diese Idee muss man erst einmal kommen.

Jedenfalls fing ich nach den Begegnungen im letzten Jahr dann an, nach weiteren ganz besonderen Museen zu forschen. Leider sind diesbezügliche Internet-Recherchen gar nicht einfach, wie überhaupt die Arbeit mit den üblichen Suchmaschinen immer schwieriger wird. Man findet diverse Listen, z.B. sog. Top-Ten-Listen. Da gibt es dann die zehn schönsten Museen in Bayern oder selbige in Hessen o.ä. Besondere Häuser findet man auf den Webseiten der Städte selbst, dort allerdings gelistet unter den »gewöhnlichen« Museen (was selbstverständlich nicht abwertend gemeint ist). Nun ist es aber unmöglich, die Internetportale sämtlicher Städte Deutschlands nach ihren Museen zu durchforsten. Dies wäre allenfalls für Großstädte machbar, allerdings habe ich festgestellt, dass die ungewöhnlichsten Ausstellungen gerade nicht in den großen Städten zu finden sind.

Ich habe mich nun entschlossen, meine gesammelten Werke zu bündeln und auch anderen Interessierten mit diesem kleinen Museumsführer zur Verfügung zu stellen, wobei betont werden muss, dass es sich selbstverständlich nur um eine kleine Auswahl von Museen handelt.

Alles – außer gewöhnlich

So hätte dieses Buch auch heißen können.

Vielleicht wäre das sogar der bessere Titel gewesen, denn, nachdem ich alle von mir gewünschten Museen recherchierte, habe ich selbstverständlich zunächst einmal alle Verantwortlichen der einzelnen Häuser angeschrieben und um Erlaubnis gebeten, ihr Museum hier vorstellen zu dürfen. Die meisten waren sehr erfreut, manche fühlten sich geehrt und brachten dies in ihren Antworten zum Ausdruck. Ich erfuhr überwiegend positive Resonanz.

Einige aber, und das bedauere ich sehr, wiesen mein Ansinnen brüsk zurück mit der empörten Bemerkung, man sei doch ein ernstzunehmendes Museum und kein Kuriositätenkabinett! Da habe ich gemerkt, dass ich in meiner Anfrage nicht deutlich genug gemacht habe, dass der von mir gewählte Titel des Buches lediglich der Wortspielerei geschuldet ist. Keineswegs besetze ich *kurios* irgendwie negativ; schon gar nicht im Sinne des Duden, der als Synonyme für diesen Begriff neben ungewöhnlich und komisch auch irre (abwertend) verschroben; (oft abwertend) schräg; (norddeutsch) überspönig; (besonders süddeutsch abwertend) spinnert und viele weitere vorschlägt.

Leider konnte ich im Nachhinein diese Dinge nicht mehr geraderücken und die angesprochenen Damen und Herren blieben auch nach Aufklärung, dass ich das Besondere, das Un- und Außergewöhnliche suche, bei ihrer Ablehnung. Zu sehr fühlten sie sich wohl »auf den Schlips getreten«. Apropos Schlips

Das Krawattenmuseum in meiner Heimatstadt Düsseldorf finden Sie hier nicht, denn mit schöner Regelmäßigkeit steht dort am Eingang angeschlagen, man werde in Kürze schließen. Dann ist das Schild wieder für einige Zeit verschwunden, bevor es erneut auftaucht, einige Wochen hängen bleibt und sodann wieder entfernt wird. Ich weiß nicht, was dahintersteckt, es ist mir nicht gelungen, einen Verantwortlichen persönlich zu erreichen. Ich wollte allerdings vermeiden, dass möglicherweise tatsächlich – nach Veröffentlichung meines Führers – das Museum geschlossen wird. Dann wäre es nämlich bedauerlich, dass an dessen Stelle ein anderes Haus unerwähnt blieb. Wer sich also ausgerechnet für ein Krawattenmuseum interessiert, muss dann doch wieder im Internet suchen. Vielleicht existiert es ja noch.

Bevor es nun losgeht, erlaube ich mir noch eine weitere Anmerkung zum Titel dieses Büchleins

Zunächst, ich hatte es bereits erwähnt, gefällt mir natürlich schlicht die Wortspielerei, macht diese doch neugierig, was überhaupt sich dahinter verbirgt. Andererseits möchte ich kurz die Frage stellen

Was ist eigentlich ein »Museum«?

Dazu habe ich beim Deutschen Museumsbund folgende Definition gefunden

1. *Ein Museum ist eine von öffentlichen Einrichtungen oder von privater Seite getragene, aus erhaltenswerten kultur- und naturhistorischen Objekten bestehende Sammlung, die zumindest teilweise regelmäßig als Ausstellung der Öffentlichkeit zugänglich ist, gemeinnützigen Zwecken dient und keine kommerzielle Struktur oder Funktion hat.*

2. *Ein Museum muss eine fachbezogene (etwa kulturhistorische, historische, naturkundliche, geographische) Konzeption aufweisen.*

3. *Ein Museum muss fachlich geleitet, seine Objektsammlung muss fachmännisch betreut werden und wissenschaftlich ausgewertet werden können.*

4. *Die Schausammlung des Museums muss eine eindeutige Bildungsfunktion besitzen.*

5. *Nicht als Museum werden angesehen Konzeptionslose Ansammlungen verschiedenartiger Objekte ohne fachbezogenen Hintergrund sowie gleichartige Objektansammlungen ohne*

Vorwort

fachbezogenen Hintergrund oder ohne Bildungsfunktion (z.B. Bierdeckelsammlungen).

Quelle
Deutscher Museumsbund e.V.

Wikipedia wiederum definiert es so (Auszug)

Nach der Überzeugung der Wissenschaft sollen Museen Zeugnisse der Geschichte der Menschheit bewahren und zeigen zum Ablauf unserer historischen, technischen, soziokulturellen, unserer physischen, psychischen und philosophischen sowie auch unserer künstlerischen Entwicklung.

Quelle
https//de.wikipedia.org/wiki/Museum

Die vom Museumsbund selbst aufgestellten, recht strengen Anforderungen erfüllen nur wenige der in diesem Führer vorgestellten Museen und doch trägt ein jedes die Bezeichnung »Museum« in seinem Namen zu Recht, denn in hundert oder zweihundert und mehr Jahren werden auch alle hier gezeigten Exponate zu unserer dann historischen, technischen, kulturellen und künstlerischen Entwicklung gehören. Zudem sind sämtliche Häuser von ausgewiesenen Fachleuten geleitet und die Sammlungen könnten wissenschaftlich ausgewertet werden. Auch kann hier nicht von »konzeptionslosen« Ansammlungen die Rede sein, denn hinter jeder Tür steckt ein sorgsam ausgewähltes Konzept. (Das Beispiel des Museumsbundes finde ich übrigens auch etwas vermessen, denn was, wenn meine Bierdeckelsammlung auch Bierfilze enthält, die beispielsweise Napoleon oder der letzte deutsche Kaiser bereits benutzten?) Alle Exponate der hier präsentierten Museen, teilweise Jahrhunderte alt, wurden mit großer Sorgfalt ausgewählt und katalogisiert und werden mit viel Enthusiasmus und Liebe zum Detail dem staunenden Publikum präsentiert. Viele Sammlungen sind einmalig in Deutschland, Europa oder sogar weltweit!

Die hier vorgestellten Ausstellungen tragen die Bezeichnung Museum deshalb nicht nur mit Recht, sondern auch mit Stolz. Selbst die kleineren und/oder privat geführten Häuser brauchen sich nicht hinter den nach den Maßstäben des Deutschen Museumsbundes klassifizierten »richtigen« Museen zu verstecken und haben es deshalb mehr als verdient, diesen eigenen Museumsführer zu erhalten.

Was den zweiten Teil des Titels, das Wort »Kuriosum« betrifft, bedaure ich natürlich die eingetretenen Missverständnisse, wie vorstehend schon geschildert. Wie oben erwähnt, ist dieser Begriff – zumindest für mich – keineswegs in irgendeiner Form negativ besetzt. Für mich ist »kurios« lediglich gleichbedeutend mit ungewöhnlich bzw. außergewöhnlich und merk-würdig in seiner wörtlichen Bedeutung, nämlich des Merkens würdig.

Der Begriff Kuriosum selbst leitet sich vom lateinischen *Curiositas* ab, was nichts anderes bedeutet als Neugier. Und noch einmal möchte ich aus Wikipedia zitieren

> *Als Kuriosum oder auch Kuriosität bezeichnet man Personen, Tiere, Gegenstände, Situationen oder Zustände, die auf jede denkbare Art und Weise seltsam, wunderlich, komisch oder skurril erscheinen oder wirken. Ein Kuriosum löst Neugier aus. Auch Gegenstände, Menschen und Tiere, die in ihrer Figürlichkeit auf wunderliche oder verblüffende Art von den üblichen Normen abweichen, werden als Kuriosum bezeichnet.*
>
> Quelle https//de.wikipedia.org/wiki/Kuriosum

Diesem Anspruch wiederum genügen sämtliche der hier vorgestellten Museen in eindrucksvoller Weise, denn auch Kuriosa werden Sie an den hier vorgestellten Orten überall finden.

Deshalb lade ich Sie nun ein, einen kleinen Einblick in die Welt des *Museum Kuriosum* in Deutschland zu gewinnen. Ich werde für Sie und mich weiter recherchieren, denn es gibt noch unzählige weitere ganz besondere Museen, die es zu entdecken gilt. Es wird daher bestimmt einen Folgeband geben. Mit Sicherheit ist aber bereits hier für jeden Leser etwas Passendes dabei und mit den Angaben zu Öffnungszeiten, Preisen und weiteren Informationen steht Ihrem geplanten oder spontanen Besuch dieser allesamt überaus bemerkenswerten, interessanten und stets amüsanten Museen nichts mehr im Wege.

Viel Vergnügen!

Wichtige allgemeine Hinweise

»...-Museum« oder »...museum«
Mit oder ohne Bindestrich - das handhabt jedes Museum individuell.

Öffnungszeiten
Die angegebenen Öffnungszeiten können bei verschiedenen Museen je nach Saison-, nach Ferienzeiten und wechselnden Feiertagen von den hier angegebenen Zeiten abweichen. Sie sollten daher in jedem Falle vor Ihrem Besuch vorsichtshalber dort kurz anrufen und sich nach den aktuellen Öffnungszeiten erkundigen.

Preise
Die ermäßigten Preise gelten in der Regel mindestens für schwerbehinderte Erwachsene, oft aber auch für Rentner oder Studenten. Dies wird von jedem Museum sehr unterschiedlich gehandhabt, weshalb hier mit einigen Ausnahmen keine konkreteren Angaben gemacht werden können.

Sonderausstellungen
Viele Häuser veranstalten gelegentlich auch Sonderausstellungen, zu denen dann ggf. andere Öffnungszeiten und/oder Preise gelten können. Sämtliche Angaben zu Öffnungszeiten und Preisen sind deshalb ohne Gewähr.

Copyright
Sämtliche Fotos und Grafiken wurden mit freundlicher Genehmigung der zugehörigen Museen verwendet.
Das Copyright aller Abbildungen liegt ausschließlich bei den jeweiligen Museen selbst. (Ausnahme Lügenmuseum: Fotos Andre Wirsig).

Layout
Das Layout ist bewusst einfach gestaltet, damit eine gute Lesbarkeit auch auf allen eBook-Readern gewährleistet ist.

Museen in alphabetischer Reihenfolge

Auf den Folgeseiten finden Sie nun die von mir recherchierten und für diesen ersten kleinen Führer ausgewählten Museen zunächst in alphabetischer Reihenfolge.

01 Bonbon-Museum

Bonbons, Drops, Zuckerl, Gutti, Bomsche oder Kamelle Egal wie es bei Ihnen heißt, wenn Sie ein Freund der bunten Zuckerwaren sind, sollten Sie unbedingt Vaihingen besuchen.

Hier an der Enz findet sich nämlich das einzige Bonbon-Museum Deutschlands, und das bereits seit dem Jahre 2000.

Wer schon immer einmal wissen wollte, wo Bonbons eigentlich herkommen, wer sie zuerst gegessen hat, wie sie früher hergestellt und verkauft wurden, warum sie gegen Husten helfen und seit wann sie mit Werbeaufdrucken verschenkt werden, der ist im Bonbon-Museum richtig.

Auf einer Fläche von 300 qm wird im Gebäude des Fabrikverkaufs »Gummibären-Land« in der Nähe des Kleinglattbacher Bahnhofs die Geschichte des Bonbons in einer witzig-interessanten Dauerausstellung gezeigt. Bonbons, Bonbondosen, Bonbonherstellungsmaschinen, noch mehr Bonbondosen und alte Werbemittel werden humorvoll in Szene gesetzt.

Die Besucherinnen und Besucher des Museums werden vom Vorderen Orient, wo die Bonbons im 8. Jahrhundert erfunden wurden, bis in die Fabrikproduktion des 20. Jahrhunderts geführt. Eines der Highlights der Ausstellung ist die authentische Ladeneinrichtung des über 100 Jahre alten Kolonialwarenladens »Oscar Zahn« aus der Stuttgarter Calwer Straße, der viele Jahre lang seine Bonbons aus Vaihingen bezogen hatte.

Und wer von Bonbons nicht genug bekommen hat, der deckt sich im Fabrikverkauf mit dem lutschig-bunten Süßkram ein.

01 Bonbon-Museum

**Das Bonbon-Museum
Industriestraße 9 – 11
71655 Vaihingen / Enz**

Tel. 07042 / 907-0
Fax 07042 / 907-129
www.bonbon-museum.de
j.hein@jung-europe.de

▽ **Öffnungszeiten**
Mo – Fr 9 – 18.30 Uhr
Sa 9 – 13.30 Uhr

▽ **Preise**
Eintritt frei

▽ **Führungen**
ab 20 Personen, nach Absprache

▽ **Parkmöglichkeiten**
sind ausreichend vorhanden

▽ **Sonstiges**
vollständig barrierefrei

01 Bonbon-Museum

02 Bratwurstmuseum

Das 1. Deutsche Bratwurst-Museum, das bereits im Mai 2006 eröffnet wurde, liegt natürlich in Thüringen und ist das erste und einzige weltweit, das sich explizit dem Thema Bratwurst widmet. Das Museum beinhaltet eine ständige Ausstellung zu Geschichte, Tradition und kulturellem Stellenwert der Bratwurst im gesellschaftlichen Leben im Allgemeinen und der Thüringer Bratwurst im Besonderen. Alles rund um die Bratwurst hat hier seinen Platz. Vom Schwein, der Schlachtung bis zu den Geräten und Maschinen zur Bratwurstherstellung aus mehreren Jahrhunderten, wie Fleischwolf, Wurstspritze und Füllmaschine reichen die Ausstellungsstücke.

Daneben sind allerlei Kuriosa, Geschichten, Anekdoten und Bilder zu sehen. So findet sich hier unter anderem eine Kopie der ältesten Bratwurstrechnung der Welt. Eine der Attraktionen ist ein rollender Fleischverarbeitungsraum, mit dem gezeigt wird, wie die Bratwurst vor hunderten von Jahren hergestellt wurde, nämlich in echter Handarbeit und mit historischen Gerätschaften.

Der geschichtliche Kontext der urkundlichen Ersterwähnung der Thüringer Bratwurst von 1404 im Arnstädter Jungfrauenkloster ist auf einem Holzrelief dargestellt und der imposante Schweinestammbaum stellt die Entwicklung vom Wildschwein zu den heutigen Hausschweinerassen dar.

Zudem finden sich hier die größte und die kleinste begehbare Bratwurst der Welt. Daneben gibt es den Bratwurstladen, die Bratwurstscheune und das neu gebaute Bratwursttheater. Das Publikum ist dort von Anfang in die Handlung der aktionsgeladenen Posse eingebunden, welche selbstverständlich stets mit einem Happy End schließt. Die Hauptperson, Hans Wurst, gutmütig, gerechtigkeitsliebend, aber auch respektlos gegenüber jedweder Obrigkeit, besitzt einen ausgeprägten Sinn fürs Nahrhafte. Von dieser Neigung profitiert auch das geschätzte Auditorium. Zu dessen Stärkung lädt ein üppiges Thüringer Spezialitätenbuffet mit rustikalen, leckeren und raffinierten Köstlichkeiten des Freistaates ein. Den Besucher erwartet hier ein genussvoller Abend mit guter Unterhaltung, reichlichem Essen und strapazierten Lachmuskeln, der dem Museumsbesuch seinen krönenden Abschluss verleiht.

02 Bratwurstmuseum

1. Deutsches Bratwurstmuseum
Freunde der Thüringer Bratwurst e.V.
Bratwurstweg 1 OT Holzhausen
99334 Amt Wachsenburg

Tel. 03628 / 604412
www.bratwurstmuseum.de
info@bratwurstmuseum.de

▽ **Öffnungszeiten**
April - Oktober
Di – So und feiertags 11.00 - 18.00 Uhr

▽ **Preise**

Erwachsene	€ 3,00
Kinder bis 4 Jahre	frei
Kinder 4 – 18 Jahre	€ 1,50
Gruppen (ab 10 Pers.)	€ 1,50

▽ **Gruppen**
auch außerhalb der Öffnungszeiten nach Absprache, spezielle Arrangements möglich

▽ **Parkmöglichkeiten**
Parkplatz vor dem Museum;
im Navi die alte Adresse Hinter dem Gute 2
99310 Wachsenburggemeinde eingeben

02 Bratwurstmuseum

03 Buddelschiffmuseum

Schiff Ahoi!

Inmitten des idyllischen Ortskerns des malerischen Fischerortes und Nordseeheilbades Neuharlingersiel liegt eine einmalige Flotte vor Anker Über 100 Buddelschiffe aus aller Welt mit originalgetreuen Modellen werden in Flaschen mit einem Fassungsvermögen von 0,7 bis 60 Liter ausgestellt. Hier ist vom Einbaum aus der Zeit um 200 v. Chr. bis zum Atom- U- Boot des 20. Jahrhunderts alles vertreten. In einigen der größeren Buddelschiffe stecken bis zu 1000 Arbeitsstunden (das sind über sechs Monate bei acht Stunden Arbeit täglich!), wie zum Beispiel im Highlight der Ausstellung, dem extrem aufwändigen Modell der »HMS Victory«, dem Flaggschiff von Admiral Nelson.

Ein weiterer Höhepunkt dieses bereits 1972 eröffneten Museums ist der Untergang der Titanic (1912), gebaut von dem in der Szene berühmten »King of the Bottleships«, Jonny Reinert aus Herne. Das Drama des Luxusdampfers wird den Besuchern in einer imposanten 50-Liter-Laborflasche präsentiert. Ebenso ist die legendäre und für ihre Zeit unglaublich schnelle Pamir, die 1905 vom Stapel lief und 1957 bei einem Hurrikan gesunken ist, Teil der Ausstellung. Natürlich fehlt auch das aktuelle Segelschulschiff der Deutschen Marine, die Gorch Fock, nicht.

Zahlreiche Bauzeichnungen, seltene Fotos und Kapitänsbilder ergänzen die Ausstellung. Jährlich wechselnde Sonderausstellungen werden zu Themen der Fischerei und der Hochseeschifffahrt durchgeführt.

Das fachkundige Personal beantwortet selbstverständlich gerne alle Fragen rund ums Buddelschiff und den einzelnen Exponaten.

Das Geheimnis *Wie kommt das Schiff in die Buddel?* wird an dieser Stelle allerdings nicht verraten. Nur die Behauptung, dass der Boden der Flasche entfernt werden muss, um das Modell hineinzubekommen, sei hier bereits als Irrglaube dargestellt.

Im kleinen Museums-Shop ist ein Katalog erhältlich, der sämtliche Modelle beschreibt und abbildet. Auch werden verschiedene Postkarten mit Buddelschiffmotiven, eine kleine Auswahl von maritimen Büchern sowie Miniaturbuddelschiffe als Souvenir angeboten.

03 Buddelschiffmuseum

Buddelschiffmuseum
Am Hafen Westseite 7
26427 Neuharlingersiel

Tel. 04974 / 224
www.buddelschiffmuseum.de
landmann@versanet.de

▽ **Öffnungszeiten**
Mitte März – Oktober
täglich 10 – 13 Uhr und 13.30 – 17 Uhr

▽ **Preise**
Erwachsene   € 2,00
Kinder   € 1,00

▽ **Führungen**
nach Voranmeldung möglich

▽ **Parkmöglichkeiten**
sind vorhanden (ggf. im angrenzenden Hotel melden und Stellplatz zuweisen lassen)

▽ **Sonstiges**
Barrierefreiheit ist gegeben

03 Buddelschiffmuseum

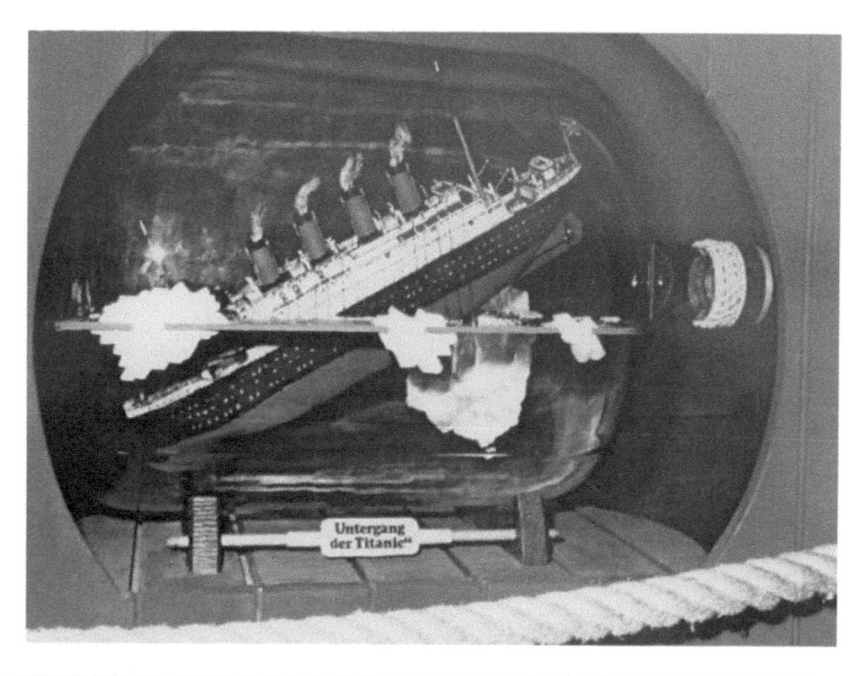

04 Buddha-Museum

Im milden, lächelnden, sonnigen Moseltal existiert bereits seit Dezember 2009 eine ebensolche Sammlung. In Traben-Trarbach, unmittelbar am Ufer der Mosel gelegen, im Gebäude einer ehemaligen Weinkellerei (der weltweit einzigen im Jugendstil) haben sich rund 2.000 Buddhas, inklusive ihrer nahen und fernen »Verwandten« (z.B. Arhats und Bodhisattvas), auf Dauer zusammengefunden. Sie verleihen der in dieser Region allgemein vorherrschenden Weinseligkeit seitdem einen völlig unerwarteten, neuartigen Akzent.

Eingerichtet haben sie sich in einem von Grund auf sanierten Gebäude großzügiger Dimensionen Imposante 4.000 Quadratmeter stehen ihnen und ihren Besuchern zur Verfügung und genießen z.B. von der Dachgartenterrasse aus einen herrlichen Blick auf das Moseltal.

Das Haus präsentiert u.a. vier ca. 2000 Jahre alte sog. Gandhara-Buddhas. Sie gehören zu den ältesten und seltensten Buddha-Statuen weltweit!

Sämtliche Buddhas benehmen sich äußerst unaufdringlich; sind tolerant und verständnisvoll und haben nicht das geringste Interesse, ihren Gästen irgendwelche Ansichten aufzudrängen. Sie wirken und überzeugen durch ihr bloßes So-Sein. Doch sollten Besucher tiefergehendes Interesse äußern, zur Kultur ihrer Herkunftsländer, zu ihrem bisweilen ungewöhnlichen Habitus etc., so freut sich ein kleines engagiertes Team, Fragen zu beantworten oder auch durch das ganze Haus zu führen. Gelegentlich kommt es auch zu Veranstaltungen, bei denen größere Zusammenhänge erklärt und dabei vielleicht Antworten auf Fragen gegeben werden, die gar nicht gestellt wurden. Dies führt regelmäßig zu »Aha«-Erlebnissen.

Moderne Multimedia-Installationen machen die Vielfalt des Buddhismus in Kunst, Kultur, Philosophie und Geschichte erlebbar. Ziel ist letztlich die Schaffung eines umfassenden buddhistischen Informations-Zentrums. Bücher und CDs rund um den Buddhismus sind im Museumsshop erhältlich, ebenso kann eine Ruhe- und Kaffeepause eingelegt werden. In jedem Falle sollte der Besucher Zeit mitbringen!

04 Buddha-Museum

**Buddha-Museum
Bruno-Möhring-Platz 1
56841 Traben-Trarbach**

Tel. 06541 / 8165180
www.buddha-museum.de
info@buddha-museum.de

▽ **Öffnungszeiten**
  Di – So 10 – 18 Uhr (letzter Einlass 17 Uhr)

▽ **Preise**
Erwachsene	€ 15,00
Rentner	€ 13,50
Kinder bis 6 Jahre	frei
Kinder 6 – 14 Jahre	€ 7,50
Schüler/Studenten	€ 8,00

▽ **Führungen**
  ab 20 Personen nach Absprache

▽ **Parkmöglichkeiten**
  unmittelbar vor dem Haus

04 Buddha-Museum

05 Cadillac Museum

Ein französischer Offizier und Abenteurer war es, der im Jahr 1701 die Stadt Detroit in Michigan/USA gründete, damals zunächst als *Fort Pontchartrain du Détroit*. Sein Name Antoine Laumet de La Mothe, Sieur de Cadillac. Zweihundert Jahre später sollte Detroit zu der amerikanischen »Hochburg« der Autoindustrie werden. Zu Ehren und zur Erinnerung an den Stadtgründer taufte der dort ansässige Automobilhersteller General Motors sein ab dem Jahre 1903 gebautes damaliges Flaggschiff dann auf den Namen Cadillac.

Dabei ist ein Cadillac weit mehr als nur ein Auto. Mit seinen ausufernden Dimensionen, den großen Heckflügeln und den stets auffälligen Rückleuchten ist er vielmehr Ausdruck einer Lebensanschauung, ein Lebensgefühl.

Die imposanten Ausmaße sind es dann wohl auch, die dafür sorgen, dass der Cadillac bis heute auf der Straße immenses Aufsehen erregt. Wer mit einem chromblitzenden und in schriller Farbe lackierten Caddy langsam über eine innerstädtische Straße rollt, darf gewiss sein, dass er alle Blicke auf sich zieht.

Elvis Presley verschenkte zahlreiche Cadillacs und gerne waren sie pink. Rico Tubbs fuhr einen in der erfolgreichen TV-Serie *Miami Vice* und unvergessen ist der Aufschrei im Kultfilm *Die Blues Brothers* »Der Cäääddy, wo ist der Cäääddy?« wobei Jake Blues' Stimme in Sorge über seinen geliebten Straßenkreuzer dabei regelrecht panisch klang.

Wer über 50 dieser phantastischen Fahrzeuge auf einem Fleck erleben und alles über ihre Geschichte erfahren möchte, der besucht in Hachenburg im schönen Westerwald das einzige Cadillac-Museum Deutschlands. Hier können die Fahrzeuge nicht nur besichtigt, sondern auch gekauft oder geliehen werden, und zwar nicht nur – wie häufig – für Filmaufnahmen, sondern auch von Privatleuten, z.B. für besondere Anlässe. In der angrenzenden Werkstatt werden die Schätzchen liebevoll gepflegt und im zum Museum gehörenden Cafe, stilecht ausgestattet mit einer Cadillac-Theke, finden Auto- und Rock'n'Roll-Events ebenso statt, wie private Geburtstags- oder Hochzeitsfeiern. Immer wieder werden hier auch Fotoshootings veranstaltet. Mit bunten Flippern, Juke-Boxen und vielen Petticoats taucht man hier vollends ein in die Welt der 50er Jahre. Bei Events wie »Elvis trifft Lennon« wird jeder zum Nostalgiker - »The American Dream at its best«. Ein Traum für jeden Cadillac-Fan!

05 Cadillac Museum

Cadillac Museum
Cadillac World Ltd.
Zur Tiefenbach 6
57627 Hachenburg

Tel. 02662 / 95230
www.cadillac-museum.com
info@cadillac-museum.com

▽ **Öffnungszeiten**
 Mo – Fr 9 – 20 Uhr
 Sa + So 11 – 17 Uhr

▽ **Preise**
 Eintritt frei

▽ **Führungen**
 auf Anfrage

▽ **Parkmöglichkeiten**
 sind ausreichend vorhanden

▽ **Sonstiges**
 Barrierefreiheit ist gegeben

05 Cadillac Museum

06 Currywurst Museum

Und noch 'ne Wurst: Das Deutsche Currywurst-Museum in Berlin widmet sich der Currywurst, ihren Freunden und Fans, sowie ihren Legenden und Geschichten in einer einzigartigen Erlebnisausstellung. Das mehrfach ausgezeichnete Museum lädt mit interaktiven und multimedialen Exponaten zum Entdecken mit allen Sinnen ein.

Hier ist eine Kostprobe des Objekts der Begierde, in der museumseigenen Darbietungsform einer »Currywurst in the Cup», im Eintrittspreis inbegriffen.

In einer begehbaren Imbissbude können die Besucher einmal hinter die Kulissen blicken. Stehtische mit Ketchupflaschen-Hörstationen lassen echtes Imbiss-Feeling aufkommen. In der Gewürzkammer können die Besucher das Geheimnis des Currypulvers lüften und Schubladenelemente zeigen Herkunft und Verarbeitung einzelner Bestandteile von Currymischungen. Aus zahlreichen Riechstationen steigen den Besuchern exotische Düfte in die Nase.

In der simulierten Wohn- und Experimentierküche der legendären Wurst-Erfinderin Herta Heuwer wird das Lebensgefühl Ende der 1940er Jahre und die Genialität der Entdeckung der einzigartigen Gewürz-Soße nachempfindbar. Auf drehbaren Lamellen erfährt der Besucher zudem Wissenswertes von der Erfindung der Pappschale bis hin zur Ökobilanz von Frischfaserpappe.

Vier unterschiedlich gefüllte Kühlschränke vermitteln eine originelle Veranschaulichung der Konsumententypologie.

Zum Entspannen findet sich auf dem »Wurstsofa« ein gemütliches Plätzchen und anschließend können Sie sich im hauseigenen Kino den humorvollen Film »Best of the Wurst» zu Gemüte führen. Das interaktive Spiel »CurryUp!» lässt die Besucher mit Plastikmesser, Ketchupflasche und Currystreuer bei der Zubereitung virtueller Currywürste in Aktion treten.

Eine Attraktion ist auch der Museumsshop mit rund 70 ausgefallenen Artikeln vom klassischen Souvenir über Trendartikel und Kuriositäten, bis hin zum witzigen Accessoire und der individuellen Currymischung. Zudem empfiehlt der »Currymat« dem Besucher nach der Beantwortung einiger Fragen eine von fünf Currymischungen. Für jeden Geschmack findet sich somit ein passendes Erinnerungsstück an den Museumsbesuch.

06 Currywurst Museum

Deutsches Currywurst Museum Berlin
Schützenstraße 70
10117 Berlin

Tel. 030 / 8871864
www.currywurstmuseum.de
info@currywurstmuseum.de

▽ **Öffnungszeiten**
 täglich 10 – 18 Uhr
 Abweichungen bei Sonderveranstaltungen

▽ **Preise**
 Erwachsene   € 11,00
 ermäßigt   € 8,50
 Kinder bis 6 Jahre   frei
 Kinder 6 – 13 Jahre € 7,00

▽ **Führungen**
 auf Anfrage

▽ **Parkmöglichkeiten**
 nur im öffentlichen Parkraum, keine eigenen Parkplätze vorhanden. Es wird empfohlen, die öffentlichen Verkehrsmittel zu nutzen

▽ **Sonstiges**
 für Rollstuhlfahrer geeignet

06 Currywurst Museum

07 Drehorgel-Museum

Alles andere als Alltag ...

Unter diesem Motto steht ein Besuch des Bergischen Drehorgel-Museums, gelegen in der ehemaligen Dorfkirche in Kempershöhe.

Bei der ca. einstündigen, sehr unterhaltsamen Führung werden mechanische Musik und historische Musikinstrumente aus drei Jahrhunderten vorgestellt. Neben selbstspielenden Musikwerken wie Spieldosen und Musikuhren sind mechanische Klaviere oder Musikautomaten wie beispielsweise sog. »Androiden«, vor allem jedoch Drehorgeln (u.a. Salon- Straßen- und Jahrmarktsorgeln), von der kleinen Vogelorgel bis zur großen Konzertorgel, zu sehen und – natürlich – zu hören. Die außergewöhnlichen Exponate werden dabei durch persönliche Anekdoten und Geschichten des Museumsdirektors zum lebendigen Erlebnis.

Selbstverständlich können Fragen gestellt und sehr gerne auch Moritaten und Küchenlieder zur Leierkastenbegleitung mitgesungen werden! Nach vorheriger Absprache kann der Besuch sogar unter besondere thematische Gesichtspunkte, etwa musik-, kultur-, sozial- oder technikgeschichtliche Aspekte, gestellt werden. Die aufwendige Führung wird nur für (auch Klein-)Gruppen nach Voranmeldung angeboten. Einzelpersonen können sich gerne anschließen oder die monatlich stattfindenden Sonntagskonzerte besuchen. Täglich um 10.00 Uhr, 12.00 Uhr, 15.00 Uhr und 18.00 Uhr erklingt das Glockenspiel am Museumsgebäude mit nach Tages- und Jahreszeit wechselnden Melodien.

Geleitet wird das Haus von dem ausgewiesenen Fachmann für mechanische Musik und Musikautomaten und selbst leidenschaftlichem Drehorgelspieler mit Showtalent, Dr. Ullrich Wimmer sowie seiner Partnerin Doris van Rhee, die mit dem Berliner Orgelbaumeister Axel Stüber als Moritatengruppe »Leierkastenheiterkeit« regelmäßig ihr Publikum begeistern und weit über die Ortsgrenzen hinaus bekannt sind.

Genießen Sie die besondere Atmosphäre in dem altehrwürdigen Kirchengemäuer und freuen Sie sich auf einen humoristischen Ausflug in die Welt der Leierkastenmusik.

Gute Laune ist garantiert!

07 Drehorgel-Museum

Die heitere Welt der mechanischen Musik
Kapellenweg 2 - 4
51709 Marienheide-Kempershöhe

Tel. 02264 / 2013181
www.leierkastenheiterkeit.com
leierkastenheiterkeit@t-online.de

▽ **Öffnungszeiten**
 nur für Gruppen nach Voranmeldung

▽ **Preise**
 Erwachsene   € 7,50
 Kinder   € 5,00

▽ **Führungen**
 sind obligatorisch

▽ **Parkmöglichkeiten**
 sind vorhanden

▽ **Sonstiges**
 Zugang zum Museum ist barrierefrei

07 Drehorgel-Museum

08 Duftmuseum

Lassen Sie sich entführen in die Welt der Sinne!

In Köln schuf ein Italiener eines der berühmtesten Parfums der Welt, das Eau de Cologne. Der Duft erinnerte ihn an einen italienischen Frühlingsmorgen nach dem Regen, schrieb der Parfumeur Johann Maria Farina 1708. Er roch Orangen, Zitronen, Pampelmuse und Bergamotte, Cedrat; alles Blüten und Kräuter seiner Heimat. Heute erinnert seine Kreation vor allem an eine Stadt Köln. Es war das neue Eau de Cologne des Italieners, das Köln schon im 18. Jahrhundert als Duftstadt weltberühmt machte. Die Nachfahren Farinas stellen bis zum heutigen Tage - bereits in der achten Generation – das Original noch immer her. Die Parfumfabrik steht nach wie vor gegenüber dem Kölner Rathaus und beherbergt mittlerweile auch das imposante Duftmuseum, das allerdings nur mit einer obligatorischen, etwa 45minütigen Führung besichtigt werden kann, die vorher reserviert werden muss.

Hier erleben Sie dann drei Jahrhunderte Duft- und Kulturgeschichte, beginnend mit der Welt des Rokoko. Eine hochwertige Sammlung von Kunstgegenständen, Bildern und Möbeln zeugt von den weltweiten Verbindungen der Dynastie Farina. Lernen Sie die Welt des Parfumeurs kennen Ausführliche Erläuterungen – beispielsweise zur Entstehung einer »Enfleurage« (Gewinnung von Fetten aus Blüten, den sog. Pomaden) – vermitteln anschaulich einen Eindruck vom Schaffen, der Kreativität und dem unabdingbaren Talent, das jeder Parfumeur mitbringen muss. Über eine Treppe führt der Museums-Rundgang in die originalen Kellergewölbe hinab, wo schon vor über 300 Jahren die edelsten Düfte produziert wurden. Schnuppern Sie die verschiedenen Essenzen und lassen Sie sich von der Welt der Düfte bezaubern, so wie es hier in den letzten Jahrhunderten schon unzählige Kaiser und Könige, Prinzen und Prinzessinnen, aber auch Staatsmänner wie Bundeskanzler Adenauer und viele, viele weitere, weltberühmte Persönlichkeiten, so u.a. Indira Ghandi, Marlene Dietrich, Lady Diana oder Bill Clinton, vor Ihnen bereits getan haben.

Im angrenzenden Museumsshop können Sie dann Ihren Lieblingsduft selbstverständlich als Souvenir mit nach Hause nehmen.

08 Duftmuseum

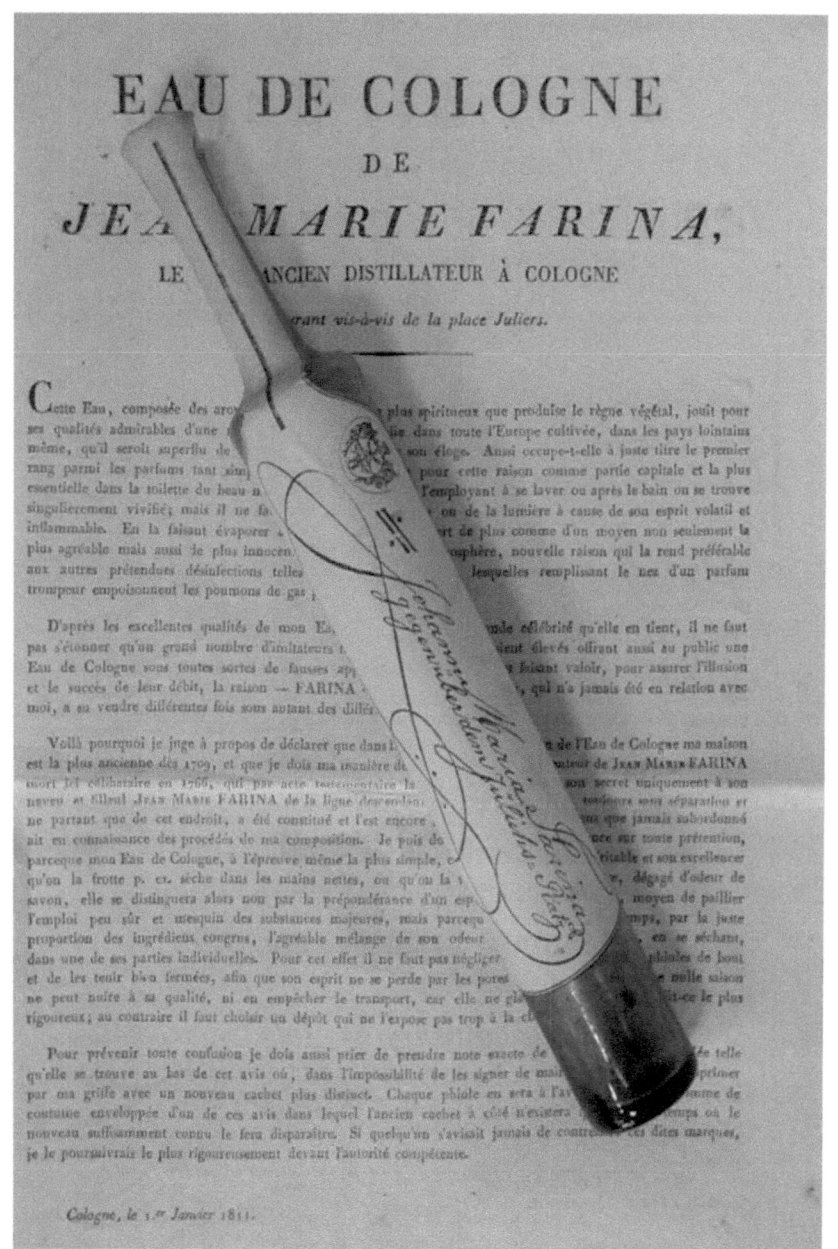

Duftmuseum im Farina-Haus
Obenmarspforten 21
50667 Köln

Tel. 0221 / 399 89 94
www.farina.org
museum@farina-haus.de

▽ **Öffnungszeiten**
Mo - Sa 10 – 19 Uhr
Sonn- und Feiertage 19 – 17 Uhr

▽ **Preise**
Erwachsene € 5,00
Kinder unter 12 Jahren frei
inkl. Führung und Duftpräsent

▽ **Führungen**
beginnen zu jeder vollen Stunde und werden
in unterschiedlichen Sprachen angeboten
Privatführung ist möglich, zzgl. € 80,00

▽ **Parkmöglichkeiten**
Parkhaus An Farina, Parkhaus Am Gürzenich

▽ **Sonstiges**
leider nicht barrierefrei (historisches Gebäude,
Ausstellung erstreckt sich über drei Etagen)

08 Duftmuseum

09 Faltboot-Museum

Von der Schneiderwerkstatt zur weltbekannten Faltbootwerft.

Wer von Faltbooten spricht, meint damit meistens Klepper–Faltboote. Der Name Klepper steht als Synonym für Faltboote und hat den Namen der Stadt Rosenheim in der ganzen Welt bekannt gemacht. Dort wird bereits seit mehr als 100 Jahren Klepper-Geschichte geschrieben, die mit dem Schneidermeister Johann Klepper bereits 1907 begann.

In den Ausstellungsräumen in Rosenheim wird die Entwicklung der modernen Faltboote seit Beginn des vergangenen Jahrhunderts gezeigt. Bereits seit 2001 weckt das Museum, in Trägerschaft eines Vereines, Erinnerungen an vergangene Höhepunkte des robusten, zerlegbaren Wassersportgerätes, wie beispielsweise die erfolgreiche Olympiateilnahme 1936, bei der die Klepper-Faltboote auf ganzer Linie siegten. Erinnert wird auch an die sensationelle Atlantiküberquerung von Dr. Hannes Lindemann 1956.

Gleichzeitig soll die Ausstellung Besucher zu neuen Abenteuern mit dem Faltboot in der freien Natur animieren. Die Idee des »Kajaks zum Mitnehmen« ist aktueller denn je und so ist bereits seit einigen Jahren eine Renaissance im Faltbootbereich zu beobachten Paddeln mit dem Faltboot und »Natur pur« sind wieder in.

Zu sehen sind außerdem weitere Produkte der früheren Klepper Werke, wie die legendären Klepper-Mäntel, Klepper-Zelte sowie anderes Zubehör. Das Museum soll, wie Vereins-Vorstandssprecherin Ursula Isbruch sich wünscht, ein Ort zum Treffen und Träumen von Faltbootfans und Kanusportlern werden.

Verfolgen Sie anschaulich die Entwicklung vom »Lumpenkreuzer« zum Hightech-Kajak und lassen sich von der Begeisterung für dieses schöne Sportgerät anstecken.

09 Faltboot-Museum

Klepper-Museum e.V.
Klepperstraße 18
83026 Rosenheim

Tel. 08031 / 2737-0
www.kleppermuseum.de

▽ **Öffnungszeiten**
Di – Fr 13 – 18 Uhr
Samstag 10 – 14 Uhr

▽ **Preise**
Eintritt frei
Spenden zur Erhaltung erwünscht

▽ **Führungen**
für Gruppen ab 10 Personen nach Absprache

▽ **Parkmöglichkeiten**
auf dem Gelände der Firma Klepper
ausreichend vorhanden

09 Faltboot-Museum

10 Fingerhutmuseum

Klein aber fein!

Den Grundstock zu dieser weltweit einzigen Privatsammlung dieser Art, gelegen in einer alten Kornmühle im Herrgottstal, bildete der Nachlass der Gebrüder Gabler in Schorndorf.

Der schwäbische Silberschmied Ferdinand Gabler stellte sich 1824 im »Schwäbischen Merkur« als Fingerhutfabrikant vor. Ihm gelang es, eine Einwalzmaschine für Fingerhüte zu konstruieren. Daraus entwickelte sich die bedeutendste Spezialfabrik für Fingerhüte, die zeitweise den größten Teil des Weltbedarfs (!) an Fingerhüten deckte. Durch einen Brand wurde diese Produktion leider vernichtet. Der Creglinger Helmut Greif beschäftigte sich intensiv mit der Forschung über die Herkunft der Fingerhüte und langsam entstand eine stattliche Sammlung, die seine Erben später veranlassten, dieses Museum zu gründen.

Am 8. August 1982 wurde das Museum damals mit 800 Ausstellungsstücken eröffnet (in etwas provisorischem Zustand). Heute sind es über 4000 Exponate aus aller Welt!

In anschaulicher Weise werden Fingerhüte, Werkzeuge und Nähutensilien (wie Nähzeuge, Nadelbehälter, Fingerhutbehälter, Maßbänder und anderes) aus allen Erdteilen – vom Altertum bis zur Neuzeit – gezeigt. Vom einfachen Gebrauchs- bis zum wertvollen Zierfingerhut, in vielfältigsten Formen und unterschiedlichsten Materialien, wird für den Betrachter eine eigene Welt offenbart.

Heute wird die Fingerhutherstellung durch die Familie Greif in ihrer im selben Hause befindlichen Goldschmiede fortgeführt. Dort werden in handwerklicher Tradition Kleinserien an Sammlerfingerhüten und Sonderanfertigungen, allesamt selbstverständlich Unikate, hergestellt. Hier findet sich auch der Museumsshop, dessen Erlös ausschließlich der Erhaltung des Museums dient.

Gut eine halbe Million Besucher haben inzwischen das Museum besucht, darunter Prominente wie Michael Schanze und sogar der Glasminister aus China!

10 Fingerhutmuseum

Fingerhutmuseum Creglingen
Kohlesmühle 6
97993 Creglingen

Tel. 07933 / 370
www.fingerhutmuseum.de
info@fingerhutmuseum.de

▽ **Öffnungszeiten**
April bis Oktober
Di – So 10 – 12.30 Uhr, 14 – 17 Uhr
November – März
Di – So 13 – 16 Uhr

▽ **Preise**
Erwachsene	€ 2,00
Kinder bis 16 Jahre	€ 0,50
Gruppen (ab 10 Pers.)	€ 1,50

▽ **Führungen**
nach Absprache, zusätzlich € 8,00

▽ **Sonstiges**
leider nicht barrierefrei

10 Fingerhutmuseum

11 Flippermuseum

Staunen und Spielen – die Kugel rollt!

Erinnern Sie sich noch an das Klacken und Klingeln, die vielen blinkenden Lichter und die Freude über einen Extraball? Es ist gar nicht lange her, da gehörte der Flipper zum Inventar von nahezu jeder Gaststätte und Kneipe. Für eine Mark oder einen Euro hatte man einen ansprechenden Zeitvertreib, der sich bei Könnern endlos zeitlich ausdehnen konnte. Leider sind Flipper in Gaststätten nicht mehr zeitgemäß und so sind sie heute kaum noch zu finden.

Umso schöner, dass der Verein »Extraball« bereits im Jahre 2006 dieses 1. Deutsche Flippermuseum aus der Taufe gehoben hat, mittlerweile das größte in Deutschland!

Erleben Sie hier über 150 faszinierende Flipperautomaten aus den 1930er Jahren bis zur Gegenwart, die nahezu alle auch bespielbar sind.

Dazu gibt es eine Fülle an Informationen rund um die Silberkugel.

Zudem ist das Museum mietbar. Ob Betriebsfeier, Hochzeit, Geburtstag oder Kindergeburtstag, eine Feier in diesem Ambiente – samt dazugehöriger Dachterrasse – ist bei jeder Veranstaltung die Attraktion.

Und wer vom Flippern gar nicht genug bekommen kann, der besucht eine der langen Flippernächte, die das Museum regelmäßig veranstaltet, oder übernachtet gleich gar im **Flipperhotel**, das ganz in der Nähe eröffnet wurde. Dieses weltweit erste und einzige Themenhotel seiner Art bietet – abseits vom Alltäglichen – individuelles Design in Anlehnung an Motive berühmter Flipperautomaten. Die verschiedenen Themenzimmer sind anspruchsvoll ausgestattet und tragen Bezeichnungen  wie »Medieval Madness« oder »Captain Fantastique«. Selbstverständlich findet sich in jedem Zimmer ein Flipper für unbegrenzten Spielgenuss. Nicht nur Flipperfans werden begeistert sein!

11 Flippermuseum

Extraball
Deutsches Flippermuseum e.V.
Hermannstraße 9
56564 Neuwied

Tel. 02631 / 358183
www.flippermuseum.eu
info@flippermuseum.eu

▽ **Öffnungszeiten**
   Sa + So 14 – 18 Uhr

▽ **Preise**
   Erwachsene   € 6,00
   Kinder bis 15 Jahre € 3,50
   Familien   € 12,00
   alle Preise inkl. 3, 5 oder 10 Freispielen

▽ **Führungen**
   nach Absprache möglich

▽ **Parkmöglichkeiten**
   finden sich in unmittelbarer Umgebung

▽ **Sonstiges**
   teilweise barrierefrei

11 Flippermuseum

12 Friseurmuseum

Auf dem Campus der Deutschen Friseur Akademie in Neu-Ulm findet sich heute das europaweit größte Friseurmuseum – das Lebenswerk seines Gründers, des Norddeutschen Heinz Zopf, dessen Museum zunächst in Eckernförde beheimatet war. Nachdem sich trotz intensiver Suche in Norddeutschland kein geeigneter Nachfolger fand, erklärte sich die Deutsche Friseur Akademie bereit, die Sammlung zu übernehmen und errichtete hierfür eigens ein separates Gebäude.

Über 6000 Exponate sind hier versammelt, kunstvoll gravierte Rasiermesser, ausladende kunstlederbezogene Behandlungsstühle, verzierte Spiegel, riesige Haartrocknungsapparaturen, Perücken, Puder und Pinsel in allen Größen, Farben und Formen sowie Scheren, Glätteisen und Lockenwickler und sogar Zeitschriften aus den 50er Jahren. Haariges aus mehreren Jahrhunderten, ein Sammelsurium von Geschichte und Geschichten dieses einst ehrwürdigen Handwerks, das heute leider durch viele Billigketten arg in Verruf geraten ist.

Natürlich fehlt auch das Lieblingsstück des Herrn Zopf nicht Eine Barttasse aus der Kaiserzeit. Derartige Vorrichtungen waren seinerzeit nötig, denn die damals oft kunst- und insbesondere mühevoll errichteten Bartkreationen mussten nicht nur nachts mit der Bartbinde, sondern auch beim Trinken von Kaffee oder Tee geschützt werden.

Dass Friseure in früheren Zeiten auch Drogisten waren, davon zeugen weitere Exponate wie z.B. Tiegel und Fläschchen mit chemischen Wirkstoffen zur Färbung und Bleichung der Haare oder zur »Desinficierung der Kopfhaut«. Hierfür wurde damals auch gerne einmal flüssiger Teer-Extrakt verwendet.

Ein Highlight der Ausstellung ist der komplett aufgebaute sog. »Mannheimer Salon«, ein Friseurgeschäft, das früher in einem Ort in der Nähe Mannheims betrieben wurde. Die nahezu vollständige Original-Einrichtung mit Möbeln, Spiegeln und allen Utensilien einschließlich des gerahmten Meisterbriefes des damaligen Inhabers – ausgestellt im Jahre 1928 – entführt den Besucher in die »gute alte Zeit«.

12 Friseurmuseum

Herrn Zopf's Friseurmuseum
Deutsche Friseur Akademie
Dieselstraße 4
89231 Neu-Ulm

Tel. 0731 / 3784657-22
www.deutsche-friseur-akademie.de
info@deutsche-friseur-akademie.de

___

▽ **Öffnungszeiten**
Mo, Sa + So 10 – 17 Uhr

▽ **Preise**
Erwachsene € 7,50
Kinder bis 18 Jahre € 2,50

▽ **Führungen**
ab 5 Personen auf Anfrage
Gruppen erhalten nach Absprache auch außerhalb der regulären Öffnungszeiten Sonderführungen

▽ **Parkmöglichkeiten**
auf dem Gelände der Akademie vorhanden

12 Friseurmuseum

13 Gewürzmuseum

Das Gewürzmuseum in Hamburg – drittgrößter Gewürzumschlagplatz der Welt – ist in dieser Form weltweit einzigartig. »Spicy's« ist ein Erlebnismuseum und für Besucher jeden Alters geeignet. Die großzügige Ausstellungsfläche umfasst etwa 350 qm. Die ausgestellten rund 50 Original-Gewürze – teilweise in Gebinden, wie sie aus dem Ausland kommen – können alle angefasst, beschnuppert und natürlich probiert werden. Ob fruchtige, herzhafte, herbe, traditionelle, jahrtausendealte oder ganz junge Gewürze, hier ist für jeden etwas dabei.

Gegründet 1991 zog die Ausstellung 1993 in die Speicherstadt, die dem Museum seither optimale Räumlichkeiten bietet.

Den Besucher erwarten weit über 900 Exponate aus den letzten fünf Jahrhunderten. Vom Anbau der Gewürzpflanzen bis zum Fertigprodukt ist der gesamte Bearbeitungsprozess anhand von antiken Geräten und Maschinen nachvollziehbar.

Das Spicy's Gewürzmuseum betrachtet es darüber hinaus als seine Aufgabe, den Verbraucher über die Anwendung und die Vorratshaltung genauso wie zur Qualität von Gewürzen zu beraten.

Zahlreiche besondere Veranstaltungen runden das Angebot des Museums ab. Erwähnt sei hier nur beispielhaft die »Hanseatische Pfeffersacktour«. Dabei handelt es sich um einen geführten Rundgang durch die Speicherstadt mit einem in historischem Kostüm gewandeten Schauspieler sowie einer anschließenden kleinen Hafenrundfahrt. Die Tour endet dann im Gewürzmuseum, wo die Teilnehmer frisch gebrühter Zimtkaffee und Pfeffersalamibrötchen erwarten.

Für Gruppenveranstaltungen (z.B. Weihnachtsfeiern) werden Sonderarrangements angeboten. Besonders beliebt ist hier der Museumsbesuch in Verbindung mit einem Gewürz-Quiz samt Verköstigung.

In dem kleinen Museumsshop können erlesene Gewürze erworben werden, z.B. Vanillespezialitäten, Safran, Kardamom etc. Außerdem finden sich Bücher über Gewürze, Poster, Reiben, Mörser und viele weitere Dinge, die in keiner Gewürzküche fehlen dürfen.

13 Gewürzmuseum

Spicy's Gewürzmuseum
Am Sandtorkai 34
20457 Hamburg

Tel. 040 36 79 89
www.spicys.de
mail@spicys.de

Öffnungszeiten
Di – So 10 – 17Uhr
Juli - Oktober auch montags 10 – 17 Uhr

Preise
Erwachsene/ermäßigt	€ 5,00/€ 4,00
Kinder bis 14 Jahre	€ 2,00
Gruppen (min. 10 Pers.)	€ 4,00

Gruppen
Pauschale für Gruppen von 20 – 50 Personen
inkl. Vortrag, Kaffee und Kuchen € 8,50 p.P.

Parkmöglichkeiten
existieren nur am Wochenende - Anreise
mit dem ÖPNV empfohlen

Sonstiges
nicht barrierefrei (2. Stock eines 128 Jahre alten
Lagerspeichers, Fahrstühle sind nicht vorhanden)

13 Gewürzmuseum

14 Giraffen-Museum

Hat eine Giraffe mehr Halswirbel als eine Maus oder als ein erwachsener Mensch? Wie viele »Zapfen« (Hörner) hat sie auf dem Kopf und gibt es ein Sternbild »Giraffe«?

Auf diese und andere Fragen finden Sie viele Antworten im privaten Giraffen-Museum in Dortmund-Wickede, das bereits 1991 gegründet wurde.

Umfang und Größe des Museums kann man kaum näher beschreiben; man muss es gesehen haben (und es ist ganz anders, als Sie es sich gerade vorstellen). Übersehen kann man die Ausstellung jedenfalls nicht, denn schon von weitem weisen entsprechend dekorierte Fahnen auf das Museum hin. Das Einfahrtstor ist mit einer Giraffenherde verziert und am Hauseingang begrüßt Sie eine große Betonplastik. Auf dem Dach zeigen Giraffen an, aus welcher Richtung der Wind weht und eine ca. 3 m hohe Skulptur lässt sich im Garten mit Efeu beranken.

Aufkleber, Banknoten, Bestecke, Briefmarken, Brillenetuis, Bücher, Fahnen, Feuerzeuge, Gardinen, Gobelins, Handyhalter, Kinderspielgeräte, Kristallvasen, Möbel, Münzen, Schachfiguren, Reitgiraffen, Puzzles, Poster, Seifenspender, Scherenschnitte, Schirme, Spardosen, Schneekugeln, Stempel, Stickereien, Tapeten, Telefonkarten, Teppiche, Windeln, Zahnbürsten etc. etc., alles in Giraffenform oder mit Abbildungen der friedlichen Tiere. Das kleinste Exponat misst nur 5 mm und man benötigt zur Betrachtung schon fast eine Lupe, das größte ist die ca. 6 m hohe Nachbildung, die den Besucher vor dem Haus empfängt.

Kleidung, Schmuck, Dekoration, Spielzeug, Gebrauchsgegenstände des täglichen Lebens Über 30.000 Exponate (!) warten in mehr als imposante 360 Kategorien gegliedert auf die Besucher. Es gibt alles, was das Herz des Giraffen-Fans begehrt und im angrenzenden kleinen Museumsshop ist vieles sogar käuflich zu erwerben.

Bestaunen Sie eine der größten Giraffen-Sammlungen weltweit, die es 1996 bereits ins Guinness Buch der Rekorde geschafft hat.

Aber Vorsicht Es besteht die Gefahr, dass Sie nachts von den Giraffen träumen!

14 Giraffen-Museum

Giraffen-Museum
Wickeder Hellweg 25
44319 Dortmund

Tel. 0231 / 28 64 577
www.giraffen-museum.de
info@giraffen-museum.de

▽ **Öffnungszeiten**
nur nach Vereinbarung

▽ **Preise**
Erwachsene	€ 5,00
Kinder bis 5 Jahre	€ 1,50
Kinder 6 – 14 Jahre	€ 2,50
Gruppen ab 6 Pers.	€ 4,50

▽ **Führungen**
sind obligatorisch

▽ **Parkmöglichkeiten**
auf öffentlichen Straßenparkplätzen im Umfeld vorhanden

▽ **Sonstiges**
leider nicht barrierefrei, Exponate finden sich im gesamten Haus, vom Dach bis zum Keller

14 Giraffen-Museum

15 Hubschraubermuseum

Das Hubschraubermuseum im Stadtzentrum von Bückeburg ist das einzige in Deutschland sowie eines der wenigen Hubschraubermuseen weltweit. Es existiert bereits seit 1971!

Auf einer Fläche von mehr als 2.500 qm wird auf ganz neue Art und Weise über den Traum vom Fliegen erzählt. Annähernd 50 originale Hub-, Trag-, Flug- und Verwandlungsschrauber, einrotorig und mehrrotorig, berichten nicht nur von einer faszinierenden Technik und deren atemberaubender Entwicklung, sondern vor allem auch von den Menschen dahinter.

Sind Sie bereit für einen Rundflug? Dann lassen Sie sich in die erstaunliche Welt des Vertikalflugs mitnehmen Dorthin, wo die Natur Pate stand und Menschen unterschiedlichster Herkunft zu Visionen über die Senkrechtstarter inspiriert hat. Erleben Sie den Beginn des Hubschrauberzeitalters – vom anfänglich kurzen Luftsprung bis zum ersten erfolgreichen vertikalen Aufstieg. Unter dem Motto »Technik erleben und verstehen – von der Emotion zur Information« steht die unterhaltende Wissensvermittlung als interaktive Erlebnisausstellung im Mittelpunkt der Konzeption der neuen und erweiterten Dauerausstellung.

Tauchen Sie ein in die Tiefen der Technik und erfahren Sie, wie Theorie in der Praxis aussieht. Lernen Sie die führenden Unternehmen mit ihren kreativen Köpfen ebenso kennen wie die Tüftler und Bastler, die mit ihren Erfindungen verrückte, aber auch innovative Ideen zum Abheben gebracht haben.

Schnuppern Sie in das Leben der Menschen hinein, bei denen der Hubschrauber zum Alltag gehört, und werfen Sie zum Schluss einen Blick in die Zukunft des noch Möglichen und Machbaren

Bestaunen Sie die 50 »Drehflügler« und über 1.000 Komponenten und Modelle. Im Erweiterungsbau (Voliere) finden Sie fünf »Meilensteine« der Drehflügler-Geschichte.

Ein Highlight ist sicherlich auch der Hubschraubersimulator zum Ausprobieren Hier sind Sie der Pilot – ein unvergessliches Erlebnis!

15 Hubschraubermuseum

Hubschrauberzentrum e.V.
Sablé-Platz 6
31675 Bückeburg

Tel. 05722 / 5533
www.hubschraubermuseum.de
info@hubschraubermuseum.de

▽ **Öffnungszeiten**
  täglich 10 – 17 Uhr

▽ **Preise**
  Erwachsene   € 7,50
  Kinder bis 6 Jahre   frei
  Kinder 7 – 16 Jahre   € 4,50
  Gruppen über 15 Pers. € 1,00 Ermäßigung p.P.

▽ **Führungen**
  nach Absprache, p.P. zusätzlich € 2,00
  min. € 30,00, Dauer ca. 1 – 2 Stunden

▽ **Parkmöglichkeiten**
  wegen der Innenstadtlage nur auf einem
  öffentlichen Parkplatz in der Nähe

▽ **Sonstiges**
  alle Einrichtungen sind barrierefrei

15 Hubschraubermuseum

16 Hutmuseum

Lebendig – Authentisch – Vielseitig

Unter diesem Motto steht das im beschaulichen Allgäu gelegene Deutsche Hutmuseum in Lindenberg, welches in dieser Art und Größe in Deutschland einmalig ist. Untergebracht ist das Museum in einer der größten Hutfabriken der vorletzten Jahrhundertwende – der ehemaligen Hutfabrik Ottmar Reich.

Im Mittelpunkt stehen die Menschen fleißige Heimarbeiterinnen, mutige Huthändler und mächtige Fabrikanten. Über vier Millionen Strohhüte produzierten die Frauen und Männer hier um 1900. Die ganze Welt trug Hüte aus Lindenberg, wobei vor allen Dingen die »Kreissäge« für die Herren und der »Florentiner« bei den Damen reißenden Absatz fanden.

Schnell erhielt der kleine Ort den Beinamen »Deutschlands Herrenstrohhutzentrum« oder auch »Klein-Paris der Hutmode«. Zu Spitzenzeiten waren 34 verschiedene Hut-Unternehmen in Lindenberg ansässig. Nachdem der Hut in den 1960er Jahren allerdings an Bedeutung verlor, läutete dies auch den Niedergang der Hutproduktion im Allgäu ein und so musste die Hutfabrik Ottmar Reich im Jahre 1997 schließen. Heute produziert nur noch eine Firma – und auch nur in geringem Umfang - Hüte in Lindenberg. Doch es gibt ja das Deutsche Hutmuseum!

Spazieren Sie durch die Welt der Hutmode und entdecken Sie Vertrautes, Interessantes und Kurioses rund um das Thema Kopfbedeckungen. Auf einer Fläche von rund 1000 qm finden sich Rohlinge, Hutpressen, Hüte und viele weitere Exponate aus drei Jahrhunderten, die Zeugnis geben über die Geschichte der Hutmacherei. Mitmachstationen laden zum Ausprobieren und Staunen ein. Sie können nach Herzenslust Hüte anprobieren und herausfinden, welcher Hut zu Ihnen passt. Erleben Sie das faszinierende Handwerk der Hutmacher im hauseigenen Fabrik-Kino und entdecken Sie bekannte und berühmte Hutträger.

Für das leibliche Wohl sorgt die Gastronomie im Kesselhaus mit Industrie-Charakter und einer ganz besonderen Atmosphäre.

16 Hutmuseum

Deutsches Hutmuseum Lindenberg
Museumsplatz 1
88161 Lindenberg

Tel. 08381 / 928 43 20
www.deutsches-hutmuseum.de
hutmuseum@lindenberg.de

▽ **Öffnungszeiten**
Di – So 9.30 – 17 Uhr
und an diversen Feiertagen
für Schulklassen bereits ab 8.15 Uhr

▽ **Preise**
Erwachsene	€ 6,00
ermäßigt	€ 4,50
Kinder bis 6 Jahre	frei
Kinder 6 – 14 Jahre	€ 2,00
Familien	€ 13,00

▽ **Führungen**
nach Absprache

▽ **Parkmöglichkeiten**
sind ausreichend vorhanden

▽ **Sonstiges**
Museum ist barrierearm

16 Hutmuseum

17 Käse(Brot-Schinken-Bier)-Museum

So ein Käse: Das Deutsche Käsemuseum ist nur ein Teil des aus insgesamt vier Einzelmuseen bestehenden und mit diesem kombinierten Konzept einzigartigen »Westfalen Culinarium«. Bereits im Jahre 2006 wurde es in der 6000-Seelen-Gemeinde Nieheim in Ostwestfalen errichtet.

Mitten im historischen Stadtkern entlang der Langen Straße widmen sich vier Ausstellungen in vier unterschiedlichen Gebäuden (aber auf einem Gelände gelegen) der kulinarischen Vielfalt Westfalens. Es erwarten Sie dort neben dem deutschen Käsemuseum auch das Westfälische Brotmuseum, das Westfälische Schinkenmuseum und das Westfälische Biermuseum.

Auf insgesamt 3.000 qm können Sie hier entdecken, wie die Löcher in den Käse kommen, was ein gutes Bier ausmacht, warum der westfälische Schinken so würzig schmeckt und wie ein kleines schwarzes Brot mit dem schönen Namen »Pumpernickel« weit über die deutschen Grenzen hinaus bekannt wurde.

Jedes Museum für sich zeigt Ihnen deutlich, wo die kulinarischen Wurzeln der Westfalen liegen und wie man sie heute noch finden kann. Für die sinnliche Genussreise sollten Sie sich Zeit nehmen, denn viel Kurioses und Wissenswertes lässt sich auf der kulinarischen Meile entdecken. Erfahren Sie beispielsweise auch, warum das Bierbrauen bis weit ins Mittelalter hinein als reine Frauensache galt und Frauenkneipen bei den Männern verächtlich als »Weiberzechen« und »Weiberschulen« verpönt waren.

Herzstück des Culinariums ist und bleibt allerdings das Käsemuseum. Filme zur Käseherstellung und eine im Original wieder aufgebaute Käseküche nehmen Sie mit auf eine Reise in die Anfänge der Verarbeitung von der Milch zum Käse. Sie erfahren alles Wissenswerte rund um das leckere Milchprodukt und sind selbstverständlich zum Probieren eingeladen.

Ein zugehöriges Restaurant rundet das Angebot der Museen ab und im angeschlossenen Lädchen können Sie sich anschließend mit den kulinarischen Leckereien für zu Hause eindecken.

17 Käse(Brot-Schinken-Bier)-Museum

Westfalen Culinarium
Lange Straße 121
33039 Nieheim

Tel. 05274 8304
www.kaesemuseum.de
info@westfalen-culinarium.de

___

▽ **Öffnungszeiten**
April bis Oktober
Mi – So 10 – 18 Uhr (letzter Einlass 17 Uhr)

▽ **Preise**
Erwachsene	€ 6,00
Kinder bis 6 Jahre	frei
Kinder ab 6 Jahre	€ 2,00
Gruppen ab 10 Pers.	€ 5,00

▽ **Führungen**
bis 30 Personen nach Absprache
Dauer ca. 1,5 Std., zusätzlich € 40,00

▽ **Parkmöglichkeiten**
ausreichend unmittelbar vor dem Käsemuseum

▽ **Sonstiges**
rollstuhlgerecht in allen vier Gebäuden

17 Käse(Brot-Schinken-Bier)-Museum

18 Knopfmuseum

Das Deutsche Knopfmuseum wurde 1975 eröffnet und befindet sich seit 1998 im ehemaligen Kommunbrauhaus der Stadt Bärnau.

Die in dem Museum nachzuverfolgende Geschichte der Knopfindustrie begann im Jahre 1895, als in Bärnau die erste Perlmutterknopffabrik gegründet wurde.

Die Herstellung des Perlmutterknopfes erfolgte selbstverständlich damals noch in reiner Handarbeit. Als Rohstoff dienten Perlmutterschalen aus den wärmeren Meeren in Äquatornähe, in der Hauptsache aus dem Persischen Golf. Die Bearbeitung erforderte in jener Zeit einen beträchtlichen Aufwand an Körperkraft und Geschicklichkeit.

In der Blütezeit der Bärnauer Knopfindustrie waren dann dort insgesamt 32 Unternehmen tätig und bildeten damals die Lebensgrundlage der gesamten Region. Bald nach dem zweiten Weltkrieg begann bereits die Herstellung von Kunststoffknöpfen, zunächst nur aus Polyester, das sich sehr gut als Perlmutterimitat eignete. Erforderlich hierfür war zuvor die Entwicklung neuer Fertigungstechniken. Weitergegeben wurden Theorie und Technik später in der eigens gegründeten Perlmutterknopffachschule, der bald darauf sogar eine internationale Messe, die IKNOFA folgte. Im Jahre 1970 beispielsweise stellten dort 419 Firmen aus 33 Ländern (!) ihre Knopfneuheiten und Maschinen aus. Damit wurde Bärnau in der ganzen Welt bekannt; zur Messe kamen Fachbesucher und vor allen Dingen Einkäufer aus allen Erdteilen.

Im Museum finden Sie Knöpfe aus vier Jahrhunderten und 26 verschiedenen Materialien, historische Maschinen und Geräte zur Knopfherstellung, Wandteppiche aus Hunderten von Knöpfen und das »Knopfpaar«, dessen Kleidung aus über 18.500 Knöpfen besteht. Ferner warten der größte und der kleinste Perlmutterknopf der Welt auf die Besucher. Im zugehörigen Museumsshop sind Tausende Knöpfe zu erwerben, so z.B. Hirschhorn-, Glas-, Holz-, Kunstthorn-, Polyester-, Metall- oder Steinnussknöpfe. Am beliebtesten ist aber – wohl wegen seines einzigartigen, irisierenden Farbenspiels – nach wie vor der Perlmutterknopf. Lassen auch Sie sich von diesem edlen Material begeistern!

18 Knopfmuseum

Deutsches Knopfmuseum
Tachauer Straße 2
95671 Bärnau

Tel. 09635/1830
www.deutsches-knopfmuseum.de
info@deutsches-knopfmuseum.de

▽ **Öffnungszeiten**
April bis Oktober
Do – So 13 – 17 Uhr

▽ **Preise**
Erwachsene	€ 4,00
ermäßigt/Studenten	€ 2,50
Kinder / Schüler	€ 2,50
Gruppen ab 15 Pers.	€ 2,50
Familien	€ 9,00
Eltern u. Kinder	

▽ **Führungen**
bei Gruppen ab 15 Personen inklusive

▽ **Parkmöglichkeiten**
sind ausreichend vorhanden

18 Knopfmuseum

19 Lippenstiftmuseum

Der Visagist und Sammler René Koch, einer der gefragtesten Schönheitsexperten unserer Zeit, öffnet für Besucher seine in Europa einzigartige private Lippenstift-Ausstellung in einem eigenen Museum in Berlin. Gezeigt werden Exponate und Rezepturen aus der Barockzeit über das 19. Jahrhundert bis heute. Plakate der Stummfilm-, Tonfilm- und Farbfilmära begeistern den Betrachter.

René Koch arbeitete während seiner langjährigen Tätigkeit für die großen namhaften Modehäuser in Paris, London, New York etc. und schminkte viele Prominente aus dem Showbiz, darunter Joan Collins, Shirley Bassey, Eartha Kitt, Jodie Foster und Claudia Schiffer. Parallel schuf er während dieser Zeit die beachtliche Sammlung, die nun dem staunenden Publikum präsentiert wird.

Ein sehr seltenes Exponat ist hierbei eine Kosmetikausstattung aus Japan Eine Dose aus Silber mit Lippenrot, kleinem Lippenpinsel und einem Puderpinsel mit zwei Seiten für Hell-Dunkel-Effekte sowie einem Farbholzschnitt aus dem Nachlass des populärsten japanischen Künstlers Utagawa Kunisada, der von 1786 – 1865 in Japan lebte.

Weitere Highlights dürften ein Bühnenkleid sowie die Wimpern, Schminke und Lippenstifte von Hildegard Knef sein, die jahrelang von dem Museumsgründer Koch geschminkt und gestylt wurde.

Zu sehen sind u.a. auch 150 Kussabdrücke populärer Diven wie Milva, Mireille Mathieu, Bonnie Tyler und Ute Lemper.

Ganz besonderer Beliebtheit erfreut sich die Museumsveranstaltung »Red Moments«. Herr Koch selbst unternimmt mit den Teilnehmerinnen und Teilnehmern im Rahmen einer Gruppenführung (max. 14 Personen) eine Reise durch die Welt des verführerischen Lippenrots und gibt ausführliche Erklärungen über die Entwicklung von der Barockzeit bis heute sowie die damit verbundene Emanzipation der Frau. Im Preis dieses stets frühzeitig ausgebuchten Events inbegriffen sind Kaffee, Tee, Gebäck und – natürlich roter - Prosecco. In diesen Führungen gibt Herr Koch viele interessante Geschichten und Prominenten-Stories preis.

Besonders für die Damenwelt ein unvergessliches Erlebnis!

19 Lippenstiftmuseum

Lippenstiftmuseum
Helmstedter Straße 16
10717 Berlin

Tel. 030 / 8542829 (nur Mi + Fr 11 – 19 Uhr)
www.lippenstiftmuseum.de
info@lippenstiftmuseum.de

▽ **Öffnungszeiten**
nur nach vorheriger Anmeldung im Rahmen von Gruppenführungen

Termine finden in der Regel mittwochs und samstags am Nachmittag statt, nach Absprache auch an anderen Tagen möglich

▽ **Preis Gruppenführung »Red Moments«**
€ 20,00 pro Person inkl. Kaffee, Tee, Gebäck und Prosecco

19 Lippenstiftmuseum

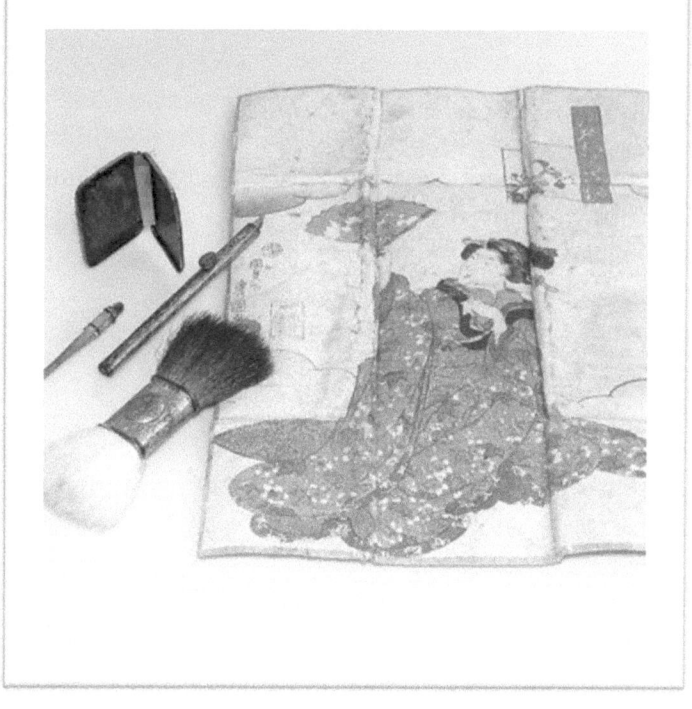

20 Lügenmuseum

Das Lügenmuseum handelt von Wahrheiten und Illusionen, die keinen praktischen Nutzen haben. Ein inspirierender Ort der Begegnung und Kreativität. Das augenzwinkernde Museum eröffnete im September 2012 im historischen Gasthof Serkowitz in Radebeul und feierte den traditionellen Weltlügenball am 1. April 2013 zum internationalen Weltlügentag.

»Einmal auf dem Sonnendeck der Titanic liegen und nicht an den Untergang denken«, das ist das Motto des Lügenmuseums. Die neun Räume haben ausgefallene Titel »Grüße von Überall«, dort sind Reiseschreine aus aller Welt versammelt. Im Raum »aus den Taschen vieler kleiner Jungs« finden sich klimpernde psychedelische Objekte und mit einer klapprigen Leiter geht es zum »Aufschwung Ost«. Alle Ideen und Objekte ziehen, wie Wolken mit der Empfindung der Freiheit, durch die Räumlichkeiten.

Immer wieder stellt sich der Initiator des Lügenmuseums die Frage, warum die Leute lachen, obwohl das Lügenmuseum von Dingen handelt, die so ernst sind. Doch mit den Mitteln des Tragischen eine traurige Handlung zu erzählen – das würde nur das allgemeine Unbehagen steigern und nichts würde zurückbleiben. Das Groteske als Ausdrucksmittel dient der Provokation und der Verbreitung von Ideen, bewusst obszön und nicht skurril oder trivial. Das Obszöne wird als befreiende Form verwendet. Es versucht immer, das Bewusstsein seines Publikums zu verletzen, damit etwas Bitteres zurückbleibt, etwas, was in ihm brennt.

»Es bedarf einer ganz besonderen Sensibilität, uns unseren Alltag, unsere Gesellschaft – und auch die Institution Museum – völlig anders und neu sehen zu lassen« schrieb Frau Prof. Dr. Johanna Wanka, ehemals Ministerin für Wissenschaft, Forschung und Kultur des Landes Brandenburg, nun Bundesministerin für Bildung und Forschung. »Das Lügenmuseum beweist diese Sensibilität auf einzigartige, provokant-spielerische und humorvolle Art«.

Was Museum auch sein kann, darauf möchte Sie dieses Museum neugierig machen.

20 Lügenmuseum

**Lügenmuseum
Kötzschenbrodaer Strasse 39
01445 Radebeul**

Tel. 0176 - 99 02 56 52,
www.luegenmuseum.de
info@luegenmuseum.de

▽ **Öffnungszeiten**
Sa, So + Feiertage 13 – 18 Uhr
sowie den Schulferien des Landes Brandenburg

▽ **Preise**
Erwachsene € 4,00
Kinder bis 12 Jahre € 2,00

▽ **Führungen**
auf Anfrage

▽ **Parkmöglichkeiten**
öffentliche Parkplätze im Stadtgebiet, z.B.
Parkplatz Weisses Haus, Kötzschenbrodaer 60

▽ **Sonstiges**
nicht überall barrierefrei

21 Luftmuseum

Luft hörbar, sichtbar, begreifbar, erlebbar und verstehbar zu machen, das ist die Aufgabe des in Trägerschaft eines eingetragenen Vereines geführten Luftmuseums Amberg.

2006 in Eigeninitiative des Künstlers Wilhelm Koch gegründet, bietet das am schönsten Platz des Ortes gelegene Gebäude aus dem 14. Jahrhundert – mit dem passenden Hausnamen »Engelsburg« – auf 650 qm Ausstellungsfläche weltweit einzigartige Schauräume rund um das Thema Luft. Diese beherbergen unter anderem den »Airparc« mit Objekten wie Luftdusche, fliegender Teppich, Luft-Globus, Pneu-Thron, Luft-Alphabet, Luftbrunnen und Einkaufstütenorgel.

»Luft ist nicht nichts, sondern alles« – sagt der Museumsgründer Koch, und dieses Motto wird hier anhand der vielen, auf drei Stockwerke verteilten und oft interaktiven Exponate mehr als anschaulich.

Im Erdgeschoss finden immer wieder Wechselausstellungen über Design, Architektur, Kunst, Technik und Alltagskunst statt, die Namen tragen wie »Atmende Gegenstände«, »Von der Nase zur Skulptur« oder »Luftbildhauerei«. So zieht es denn auch »Luftkünstler« aus der ganzen Welt, die das Luftmuseum immer wieder als Forum für ihre Präsentationen nutzen, in das – sich mittlerweile stolz als »Luftkunstort« bezeichnende – Amberg,

Neben der Haupt- und den Sonderausstellungen werden regelmäßig attraktive Vorträge, Lesungen, Führungen und Konzerte angeboten.

Unter dem Motto »Das Fliegende Klassenzimmer – die Luftmuseumspädagogik« finden wöchentlich die sog. Luftsamstage statt. Der Auftrag lautet, Kinder an die Kunst heranzuführen. Die Themen, die selbstverständlich allesamt mit Luft zu tun haben, sind so vielfältig wie die Sonderausstellungen selber. So entstanden bisher u.a. Wolkenbilder, Flugobjekte, Bienenwachsorganismen, Blasinstrumente, Paradiesvögel, Vogelnester, Ballonköpfe, Luftschlösser, Windräder und vieles mehr.

Das Museum kann auch für die Ausrichtung von Kindergeburtstagen den passenden Rahmen bieten. Diese Veranstaltungen machen viel Spaß und sind spannend und lehrreich zugleich. Ein solcher Nachmittag wird für alle Kinder und zu einem unvergesslichen Erlebnis!

21 Luftmuseum

Luftmuseum Amberg
Eichenforstgässchen 12
92224 Amberg

Tel. 09621 / 420883
www.luftmuseum.de
koch@luftmuseum.de

▽ **Öffnungszeiten**
April bis September
Di – Fo 14 – 18 Uhr
Sa, So + Feiertage 11 – 18 Uhr
Oktober bis März, wie vor, bis 17 Uhr

▽ **Preise**
Erwachsene € 3,50
ermäßigt/Kinder € 2,50
Gruppen ab 10 Pers. € 2,00

▽ **Führungen**
nach Vereinbarung und Voranmeldung
auch außerhalb der Öffnungszeiten
Gruppen bis 15 Personen Eintritt + € 60,00
Gruppen ab 16 Personen Eintritt + € 40,00

▽ **Sonstiges**
Barrierefreiheit ist in dem historischen
Gebäude nur im Erdgeschoss gegeben

21 Luftmuseum

22 Mausefallen- und Kuriosa-Museum

Mutig sollte man sein, wenn man das Mausefallenmuseum der Familie Knepper besucht. Minigalgen und Selbstschussanlage empfangen den Besucher in dem über 300 Jahre alten Fachwerkhaus in Güntersberge im Harz. Freilich sind diese »Mordwerkzeuge« ausschließlich für kleine Nager gedacht, die in früheren Zeiten allerorten eine Plage waren. Da reichte die Hofkatze allein nicht aus. Die kuriosesten Arten, die kleinen Felltierchen zu fangen oder gleich zu erlegen, werden in diesem Museum gezeigt. Beispielsweise wurden sie auf den »Todesturm« gelockt und schlitterten auf einer Art Rutsche von dort in ein Wasserbecken hinein, wo sie ertranken. Die »Wühlmauskanone« indes wurde gleich in die unterirdischen Gänge der Nager geschoben und explodierte, sobald eine unvorsichtige Maus sie berührte. Es finden sich Feldmaus,- Korbmaus-, Lochmausfallen und viele mehr.

Im Mausefallenmuseum erleben Sie einen unterhaltsamen Nachmittag, wenn der Museumsinhaber selbst in einem heiteren Vortrag über die Fallen, Tierschädel und sonstige Absurditäten, aber auch über die ebenfalls im Museum beheimatete Klosett-Ausstellung schwadroniert.

In der »Galerie der stillen Örtchen« sind über 100 zum Teil großformatige Ölbilder, Zeichnungen und Fotos zu diesem menschlichsten aller Bedürfnisse zu sehen. Komplettiert wird diese Sammlung durch eine Reihe alter deutscher »Kackstühle«, so zum Beispiel ein hochherrschaftlicher Sessel von 1860, dessen Sitzfläche man beiseiteschieben konnte, um dann ganz diskret sein Geschäft zu erledigen.

Damennachttöpfe, Damenunterwäsche samt Keuschheitsgürtel, Reiseklosetts, aber auch Flohfallen und anderes, wunderliches Gerät für die Körperpflege aus mehreren Jahrhunderten sowie altes und seltenes Küchengerät entführen den staunenden Besucher in eine andere Zeit.

In der Raritätendiele finden sich viele Stücke auch zum Mitnehmen, denn An- und Verkauf besonderer Exponate betreibt das Ehepaar Knepper gerne.

22 Mausefallen- und Kuriosa-Museum

Mausefallen- und Kuriositäten-Museum
Klausstrasse 38
06493 Harzgerode OT Güntersberge

Tel. 039488 / 430
www.mausefallenmuseum.de
mausefallenmuseum@online.de

▽ **Öffnungszeiten**
Sa + So 14 – 17 Uhr
Gruppenbesuche nach Anmeldung auch wochentags möglich

▽ **Preise**

Erwachsene	€ 15,00
Rentner	€ 13,50
Kinder bis 6 Jahre	frei
Kinder 6 – 14 Jahre	€ 7,50
Schüler/Studenten	€ 8,00

▽ **Führungen**
ab 20 Personen nach Absprache

▽ **Parkmöglichkeiten**
sind vorhanden

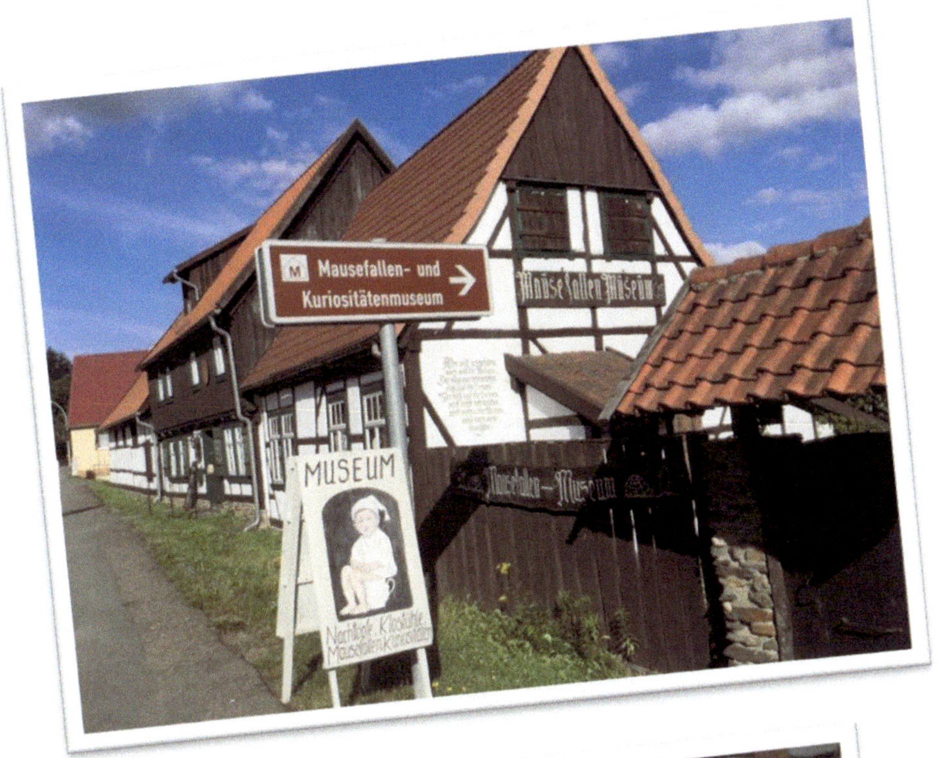
Mausefallen- und
Kuriositätenmuseum
MUSEUM

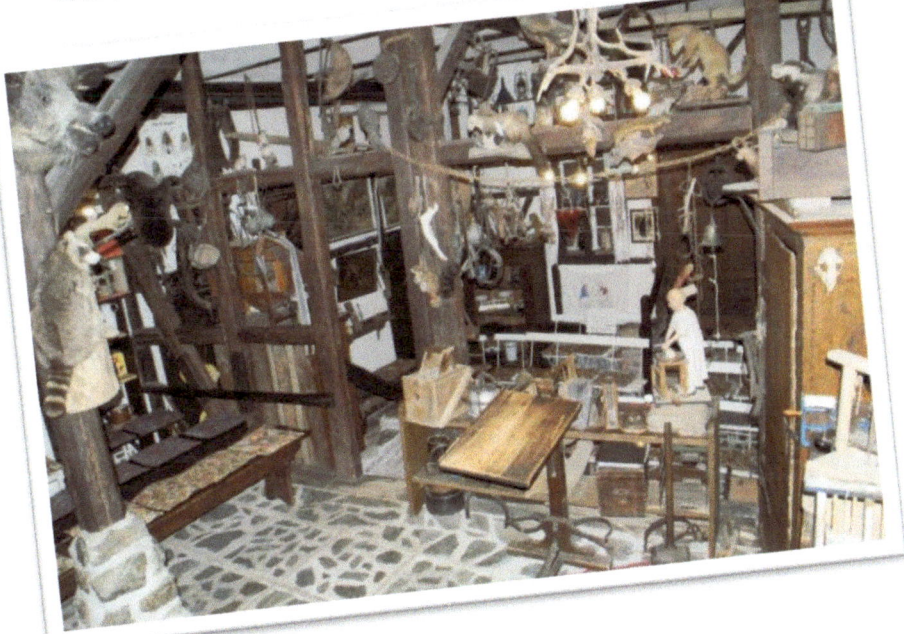

23 Milbenkäsemuseum

Die Mitarbeiter bei dieser besonderen Art der Käseherstellung sind klein, sehr klein. Nur etwa 0,3 mm misst eine Milbe und Millionen davon tummeln sich in der Käsekiste, um dort nichts anderes zu tun, als hin und her zu laufen und durch ihre Ausscheidungen den Käse zu fermentieren und ihn so zu einem ganz besonderen Leckerbissen reifen zu lassen. Gefüttert werden wollen die kleinen – unter einem starken Mikroskop recht schaurig aussehenden – Spinnentierchen auch, hier bevorzugen sie allerdings mehrmals wöchentlich Roggenmehl.

Dabei ist diese Art der Käsezubereitung weder unhygienisch, noch neu. Der Milbenkäse wird schon seit dem frühen Mittelalter nach Geheimrezepturen in Handarbeit und im engen freundschaftlichen Zusammenwirken mit dem domestizierten Spinnentier, wissenschaftlich »Tyroglyphus casei L.« hergestellt. Es handelt sich dabei um ein weltweit einzigartiges Verfahren der Käsezubereitung. Das Ergebnis ist ein äußerst fettarmes Produkt mit Premiumqualität, dessen im Lebensmittelinstitut getestete Laborwerte manch anderen Käse neidisch werden lassen.

Auf die Idee, die Geschichte des Milbenkäses im Rahmen eines Museums öffentlich zu machen, kam der ehemalige Chemie- und Biologielehrer und heute hauptberufliche Käsehersteller Helmut Pöschel bereits im Jahre 2006, die Eröffnung war am 1. April! In seinem Heimatort, der 350-Seelen-Gemeinde Würchwitz, hat diese Art der Käseherstellung bereits seit Jahrhunderten Tradition. Auch heute noch stellen fünf Familien im Ort den Käse mit Hilfe der winzigen Mitarbeiter her, denn Würchwitzer Milbenkäse wird weltweit von Gourmets geschätzt.

Der Größe der Exponate angemessen ist auch das Museum recht klein, aber fein. Hier präsentiert Herr Pöschel, allseits liebevoll nur »Humus« genannt, Historisches und Kurioses rund um den Milbenkäse, so unter anderem auch Fotos vom weitestgereisten Käse der Welt, dem Käse, der im Jahr 2004 zur Internationalen Raumstation ISS geschickt wurde.

Übrigens Sollten Sie Vegetarier sein, dann können Sie auf die sog. »Bummlerbutter« zurückgreifen, die zwar in gleicher Weise hergestellt wird, am Ende aber keine lebenden Tierchen mehr enthält.

23 Milbenkäsemuseum

Milbenkäsemuseum
Sporaer Straße 8
06712 Würchwitz

Tel. 06541 / 8165180
www.milbenkaesemuseum.de
humus@milbenkaesemuseum.de

▽ **Öffnungszeiten**
nach Absprache und Voranmeldung

▽ **Preise**
Eintritt frei

▽ **Führungen**
sind obligatorisch

▽ **Parkmöglichkeiten**
sind vorhanden

▽ **Sonstiges**
Souvenirs können in Form von Milbenkäse oder -butter erworben werden

23 Milbenkäsemuseum

24 Nachttopf-Museum

Gefäße zum Auffangen menschlicher Ausscheidungen sind über Jahrhunderte bei archäologischen Ausgrabungen nachweisbar, stellten doch Kot als Dünger und Urin für die Gerber oder in der Textilindustrie wertvollen Grundstoff dar.

Allerdings wurden früher wohl eher Gebrauchsgegenstände, wie ausrangierte Kochtöpfe o.ä. dafür verwendet. Nachttöpfe in der Form, wie wir sie heute kennen, haben eine relativ kurze Geschichte und tauchen als eigenständiges Produkt erst etwa Mitte des 18. Jahrhunderts in den Angebotslisten der Porzellan- und Keramikmanufakturen auf.

Porzellan und Keramik sind neben Zinn die am meisten verwendeten Materialien für diese unverzichtbaren Helfer. Im 20. Jahrhundert wurden dann auch Glas, emailliertes Blech und Kunststoff verwendet. Napoleon und August der Starke besaßen selbstverständlich Nachttöpfe aus purem Gold!

Über einen solchen verfügt die Sammlerin Anita Hoffmann, die nach über dreißigjähriger »Jagd auf die Töpfe« schließlich 2014 das Museum eröffnete, zwar nicht, dafür aber über mehr als 230 Stücke aus zwei Jahrhunderten in allen Formen, Farben und Größen, viele davon aus der Jugendstil- und Gründerzeit.

Dabei sind einige Kuriositäten, so zum Beispiel der »Hochzeitstopf« mit zwei Schüsseln (für trauliches Miteinander in jeder Lebenslage) und einem mittig angesetzten Henkel, ein Exemplar mit fünf Henkeln und lustigen Sinnsprüchen oder auch ein umgebauter Stahlhelm aus dem ersten Weltkrieg. Besonders Kinder freuen sich auch über die zahlreich vorhandenen, niedlichen Miniaturnachttöpfchen und die Puppenstubentoilette aus Emaille.

Besondere Beachtung sollte auch dem Untergrund, auf dem die Exponate platziert sind, geschenkt werden. Es handelt sich hierbei um edle, handgeklöppelte Spitzendeckchen, dem zweiten Schwerpunkt des Museums. Geklöppelt wird bereits seit dem 16. Jahrhundert und seit einigen Jahren wird es wieder vermehrt gepflegt. »Spitzenklöppeln nach Brüsseler Art« wird z.B. gern von den »Kulmbacher Spitzenfrauen« betrieben. Das Ergebnis ihrer zeitaufwendigen Arbeit verleiht der Nachttopfsammlung nun seinen angemessenen Rahmen.

24 Nachttopf-Museum

**Nachttopf-Museum
Nachttopf auf Spitze
Partenfeld 2
95349 Thurnau**

Tel. 09228 / 5902
www.nachttopf-auf-spitze.de
kontakt@nachttopf-auf-spitze.de

▽ **Öffnungszeiten**
   Mai bis September
   Sa, So + Feiertage 13 - 17 Uhr
   und nach Vereinbarung

▽ **Preise**
   Eintritt frei
   Spenden zur Erhaltung des
   Museums sind erwünscht

▽ **Führungen**
   auf Anfrage

▽ **Parkmöglichkeiten**
   ausreichend auf dem eigenen Grundstück

▽ **Sonstiges**
   nur bedingt barrierefrei, kleine Stufen
   vorhanden

24 Nachttopf-Museum

25 Nummernschild-Museum

Im Herzen des Erzgebirges, kaum 20 km südlich von Chemnitz, eröffnete im Jahre 2001 in einem alten Fabrikgebäude das in Trägerschaft eines gemeinnützigen Vereines geführte Nummernschildmuseum.

Auf mehr als 350 qm Ausstellungsfläche wird dem Besucher die einzigartige Geschichte und Entwicklung von Nummernschildern, Verkehrsschildern, der automobilen Zulassung sowie der Entwicklung der Fahrschulen und Fahrerausbildung gezeigt.

In unterhaltsamer Art und Weise werden bei dem für die ganze Familie spannenden und informativen Rundgang zahlreiche, zum Teil sehr ungewöhnliche Exponate der Zulassungs- und Verkehrsgeschichte in verschiedenen Themenvitrinen präsentiert. Umfassende Geschichten, Anekdoten und Kuriositäten zu den Themen »Historische Fahrschule«, »alte Führerscheine und Kraftfahrzeugpapiere«, »alte Strafzettel« oder auch »Automobilclubs« lassen den Besucher staunen, ebenso wie Nummernschilder für Pferdedroschken und Fahrräder sowie Kennzeichen des Deutschen Reiches vor und der Besatzungszonen nach dem Zweiten Weltkrieg.

Autokennzeichen bekannter und berühmter Persönlichkeiten stellen einen besonderen Teil der Ausstellung dar. Hier finden sich u.a. die früheren Nummernschilder der Bundespräsidenten Theodor Heuss und Johannes Rau ebenso wie ein solches von Queen Elisabeth II.

Ein weiterer Teil der Sammlung befasst sich mit Kennzeichen, die allesamt die Zwillingstürme des World Trade Centers in New York abbilden. Schon vor den Anschlägen des 11. September waren diese auf den Autokennzeichen des Staates New York zu finden. Nach dem Terroranschlag haben viele weitere Bundesstaaten in den USA eigene Schilder mit den markanten Türmen herausgegeben dabei handelt es sich inzwischen um begehrte Sammlerstücke.

Regelmäßig finden außerdem im Museum in Kooperation mit dem Autokennzeichen Sammler Club (AKS) Nummernschildtauschtreffen statt. Zu diesen jährlichen Veranstaltungen erscheinen stets mehrere hundert Besucher aus allen Erdteilen.

25 Nummernschild-Museum

Nummernschild-Museum
Nummernschilder e.V.
Grünauer Straße 3
09432 Großolbersdorf

Tel. 037369 / 87448
www.nummernschildmuseum.de
info@nummernschildmuseum.de

∇ **Öffnungszeiten**
Mo – Sa 9 – 17 Uhr
und nach Vereinbarung

∇ **Preise**
Erwachsene	€ 2,20
Kinder	€ 1,10
Gruppen ab 10 Pers.	€ 1,60

∇ **Führungen**
für kleine und große Gruppen
nach Absprache

∇ **Parkmöglichkeiten**
sind ausreichend vorhanden

∇ **Sonstiges**
leider nicht barrierefrei

25 Nummernschild-Museum

26 Pfefferminzmuseum

Eichenau, ein Ort im Westen von München im Landkreis Fürstenfeldbruck, war einmal in ganz Europa als Anbaugebiet hochwertigster pharmazeutischer Pfefferminze bekannt.

Als jedoch 1956 der Drogen- und Gewürzmarkt auch für ausländische Waren geöffnet wurde, überfluteten Billig-Importe den Markt. Die steigenden Löhne trugen ebenfalls dazu bei, dass der arbeitsintensive Pfefferminzanbau in Eichenau nicht mehr kostendeckend möglich war.

Da dieser Wirtschaftszweig daher heute so gut wie ausgestorben ist, hat es sich das Pfefferminzmuseum, das in den Räumen der ehemaligen Gemeindebibliothek untergebracht ist, zur Aufgabe gemacht, über die frühere große Bedeutung der Minze für Eichenau und die Region zu berichten. Es wird über die Geschichte, Anbau, Ernte und die besonderen Trocknungsverfahren ebenso wie über die Wirkung der Heilpflanze und ihre Verwendung in Küche und Arznei informiert und dazu Fotos, Zeichnungen, Texte und historisches Gerät präsentiert.

Angebaut wird auf einem Acker am Ortsrand – allerdings nur noch speziell für das Museum – eine besondere Sorte der *Mentha Piperita*, die »Mitcham-Minze«. Sämtliche dabei helfenden Hände gehören Ehrenamtlern.

Bei einem Besuch des Museums werden alle fünf Sinne angesprochen Die Gäste sehen die Minze und können sie fühlen, sie hören etwas darüber und können sie riechen und schmecken, denn selbstverständlich erhalten die Besucher das Ergebnis all der ehrenamtlichen Mühen der Museumsbetreiber und ihrer Helfer – den Original Eichenauer Pfefferminztee – auch serviert.

Ergänzt wird die Ausstellung durch zwei Multimedia-Terminals mit Texten, Filmen, Fotos und einem Spiel, bei dem man selbst einmal »Teebauer« sein kann. Neben der Präsentation zur Pfefferminze finden im Museum immer wieder wechselnde Sonderausstellungen zur Ortsgeschichte statt, beispielsweise über die Freiwillige Feuerwehr oder die Schulen in Eichenau.

Pfefferminzmuseum
Pfefferminzmuseum Eichenau e.V.
Parkstraße 43
82223 Eichenau

Tel. 08141 / 7646
www.minzmuseum.de
konakt@minzmuseum.de

▽ **Öffnungszeiten**
So 14 – 16 Uhr
für Gruppen ab 10 Personen nach Vereinbarung
auch andere Termine möglich

▽ **Preise**
Eintritt frei – Spenden zur Erhaltung
des Museums sind willkommen

▽ **Führungen**
auf Anfrage

▽ **Parkmöglichkeiten**
sind ausreichend vorhanden

▽ **Sonstiges**
Barrierefreiheit ist leider nicht gegeben

26 Pfefferminzmuseum

27 Scherenschnittmuseum

Eher unfreiwillig erwarb Hermann Gebing 1971 in Paris seinen ersten Scherenschnitt. Ein aufdringlicher Künstler schnitt sein Porträt auf dem Montmartre ungefragt und musste den späteren Museumsgründer dann lange überreden, das Bild für ein paar Franc mitzunehmen.
Trotzdem war dieses Ereignis die Initialzündung für ein stetig wachsendes Interesse an der Kunstform des Scherenschnitts und der Beginn einer einzigartigen Sammelleidenschaft. Ausgestellt wurden die Werke erstmals 1996, damals noch in den Privaträumen des Gründers.

Im Jahre 2006 brachte Hermann Gebing seine Scherenschnitte als Fonds in die damals neu gegründete Bürgerstiftung Vreden ein. Diese eröffnete daraufhin in einem denkmalgeschützten Gebäude, direkt am Marktplatz Vredens, das erste deutsche Scherenschnittmuseum. Das Gebäude diente bis zum Jahr 1972 als Rathaus der Stadt Vreden und trägt daher heute noch diese Bezeichnung.

Als Dauerausstellung bietet das Museum einen Querschnitt durch die Geschichte dieser ganz besonderen Kunst, die nicht nur Liebhaber begeistert und fasziniert. Mittlerweile befinden sich geschätzt mehr als 20.000 (!) traditionelle wie auch moderne Scherenschnitte in- und ausländischer Künstler aus allen Erdteilen in der Sammlung. Die ältesten Stücke stammen aus der Zeit um 1700 und alle zeichnen sich insbesondere durch ihre unerwartete Vielseitigkeit aus.

Geleitet wird das Museum seither – ehrenamtlich – von Hermann Gebing selbst und seiner Frau Christel. Zahlreiche Helfer stehen ihnen dabei zur Seite und leisten einen unbezahlten Dienst in ihrer Freizeit, um im Museum anwesend zu sein und für eventuelle Fragen der Besucher zur Verfügung zu stehen.

Zudem wird das Museum finanziell von der Bürgerstiftung Vreden unterstützt, so dass es schließlich im Jahre 2015 modernisiert und umgebaut werden konnte. Heute präsentiert sich die Ausstellung, die durch gelegentliche Sonderausstellungen bereichert wird, in einem modernen Umfeld und so ist der langfristige Erhalt der wertvollen Scherenschnitte auch für die zukünftigen Generationen gesichert.

27 Scherenschnittmuseum

Scherenschnittmuseum
Markt 6
48691 Vreden

Tel. 02564 / 9508927
www.scherenschnittmuseum.de
info@scherenschnittmuseum.de

___

▽ **Öffnungszeiten**
Di – So 9.30 – 17 Uhr

▽ **Preise**
Eintritt frei

▽ **Führungen**
werden gegen einen kleinen Obolus
nach Absprache angeboten

▽ **Parkmöglichkeiten**
stehen in der verkehrsberuhigten Innenstadt
ausreichend, überwiegend kostenfrei zur
Verfügung (Parkscheibe!)

▽ **Sonstiges**
Barrierefreiheit ist in dem historischen
Gebäude leider nicht gegeben

27 Scherenschnittmuseum

28 Schnapsmuseum

Mehr als eine Schnapsidee...

Das 1993 von der Historischen Gesellschaft Bönnigheim e.V. gegründete Schwäbische Schnapsmuseum zeigt die Kulturgeschichte des Alkohols in verschiedenen Themenbereichen und beherbergt die größte alkoholgeschichtliche Museumssammlung inklusive der größten Sammlung selbstgebauter Destillierapparate – den sog. Schwarzbrennereien – Deutschlands.

Im Schnapsmuseum – gelegen im stadtbekannten Steinhaus mit seinen urigen Räumen – kann der Besucher die Welt des Schnapses bestaunen.

Das Museum ist einzigartig in Baden-Württemberg und zeigt die Entwicklung der Destillationstechnik von den Anfängen bis heute. Dazu gibt es umfassende Informationen und vielfältige und spannende Geschichten zu Branntwein und Likör.

Besonders interessant ist die Abteilung Schwarz- und Geheimbrennereien. Die Schwarzbrenner bewiesen dabei Kreativität und Einfallsreichtum. So benutzten beispielsweise Gefängnisinsassen Plastikkanister mit Tauchsiedern als Destillierspirale, die Hausfrau wiederum verwendete ihren Schnellkochtopf und sonstige Gegenstände des täglichen Lebens, um heimlich die begehrten Tröpfchen zu destillieren.

Vor allem Gruppen besuchen mit großer Freude das Erlebnismuseum und genießen eine humorvolle Schnaps- und Likörverkostung im gemütlichen Gewölbekeller mit uriger Atmosphäre.

Die Buchung dieser überaus beliebten Veranstaltung ist mit Kaffee und Kuchen möglich, beliebter ist aber die rustikale Vesper Schwarzwälder Schinken, Salami, Landjäger, zahlreiche Käsesorten und frisch gebackenes Brot erwarten den Besucher. Danach beginnt die Probe. Runde für Runde können zahlreiche Schnäpse und Liköre getestet werden. Einschenken darf sich jeder selbst. Bei Anekdoten und Trinksprüchen, humorvoll vorgetragen vom Museumsgründer mit Showtalent, Herrn Kurt Sartorius, erfährt der Besucher viel Wissenswertes rund um die Schnapsbrennerei. Spaß und gute Laune sind dabei garantiert!

28 Schnapsmuseum

Schwäbisches Schnapsmuseum
Museum im Steinhaus
Meiereihof 5 + 7
74357 Bönnigheim

Tel. 071 43 / 2 25 63
www.museum-im-steinhaus.de
schnapsmuseum@museum-im-steinhaus.de

___

▽ **Öffnungszeiten**
Di – So 10 – 18 Uhr (letzter Einlass 17 Uhr)

▽ **Preise**
Erwachsene € 2,00
(inklusive Schnapsglas)
Kinder frei

▽ **Führungen**
nach Absprache

▽ **Parkmöglichkeiten**
nebenan auf dem Burgplatz vorhanden

▽ **Sonstiges**
Barrierefreiheit ist gegeben

28 Schnapsmuseum

29 Schnarchmuseum

Vieles dreht sich in Alfeld um das Schlafen, und doch ist es keineswegs ein verschlafener Ort. Gleichwohl finden sich hier seit 1993 sowohl die ASG (Alfelder Schlafapnoe-Gesellschaft - die älteste Selbsthilfegruppe für Schlafapnoeiker in Deutschland) als auch inzwischen das bundes- und wohl weltweit einzigartige Schnarchmuseum.

Letzteres wurde schon vor vielen Jahren von dem Alfelder Arzt Professor Dr. Josef A. Wirth aus der Taufe gehoben, seines Zeichens Somnologe (Schlafforscher) und seinerzeit am Alfelder Krankenhaus tätig. Er ist ausgewiesener Fachmann auf dem Gebiet der Schlaf- und Schnarchforschung. Diese geriet erst etwa Mitte der 1960er Jahre überhaupt in den Fokus der Wissenschaft. Herr Professor Wirth betreibt inzwischen am Ort ein eigenes Institut für Schlafdiagnostik und –therapie und das Schnarchen nimmt einen großen Teil der Behandlungstätigkeit ein.

Der Museumsgründer hat über die Jahre mehr als 200 Exponate, darunter viele Kuriosa, aus aller Welt und mehreren Jahrhunderten zusammengetragen Schlafbrillen, Nasenklammern, Gesichtsmasken und Kinngurte ebenso wie Tinkturen und Rezepturen oder besondere Westen, die den Träger daran hindern sollen, auf dem Rücken zu schlafen, denn der Rückenschläfer ist unter den nächtlichen »Sägen« besonders häufig anzutreffen.

Weiter sind mechanische und elektronische »Schnarchverhinderer« zu sehen, manche mit furchterregendem Aussehen. Professor Wirth, der es sich vorrangig zur Aufgabe gemacht hat, über das Schnarchen und vor allen Dingen dessen gesundheitliche Folge aufzuklären, verrät den Besuchern beispielsweise gerne, dass das einfache Schnarchen, das sog. Habituelle Schnarchen, lediglich den Bettpartner belästigt, aber nicht den eigenen Körper. Allerdings stellt dies ein Geräuschphänomen dar, das auch eine enorme Lautstärke erreichen kann. Da wir aber nicht mehr in Höhlen leben – seinerzeit war das Schnarchen des Mannes durchaus willkommen, schreckte es doch wilde Tiere ab und schützte dadurch Frauen und Kinder – kommt es heutzutage doch eher zu häuslichen Spannungen. Der Professor empfiehlt daher, es lieber zu behandeln.

Schnarchmuseum
Warnetalstraße 10
OT Langenholzen
31061 Alfeld / Leine

Tel. 05181 / 829187
www.schnarchmuseum.de
JWirthA@aol.com

▽ **Öffnungszeiten**
Mi, Sa + So 15 – 18 Uhr

▽ **Preise**
Eintritt frei

▽ **Führungen**
auf Anfrage

▽ **Parkmöglichkeiten**
gegenüber
auf dem Parkplatz Am Gottesbrunnen

29 Schnarchmuseum

30 SchweineMuseum

Diesen tollen Sau-Haufen müssen Sie gesehen haben!

Das größte Schweine-Museum der Welt – sinnigerweise gelegen im Stuttgarter Schlachthof (!) – strotzt nur so vor originellen Glücksschweinen, Sparschweinen und Kuschelschweinen. Zum Anschauen, Anfassen und Liebhaben gibt es hier für alle Sinne etwas zu erleben.

In jeder Ecke des Museums sitzt, thront, liegt oder faulenzt eines der possierlichen Tierchen mit dem prägnanten Ringelschwänzchen. Verteilt auf imposante 25 Themenräume nebst drei Räumen für Sonderausstellungen präsentieren Ihnen Schweine aller Art ihre bewegte Geschichte. Von der Zoologie über das Schwein in Kunst und Kultur bis hin zu sagenumwobenen Schweinen aus der Mythologie und der Symbolik.

In diesem weltweit einzigartigen Museum vermitteln die Schweine selbst – in den buntesten und verrücktesten Farben, Formen und Ausführungen – die Vielseitigkeit dieses herzlichen Tieres. Ob aus Gold, Plüsch, Holz, Keramik oder Kork, ob als Tasse, Gemälde, Krawatte oder Briefkasten, ob bemalt, lackiert, beklebt, gegossen, getöpfert oder gehämmert Hier gibt es nichts, was es nicht gibt.

Das SchweineMuseum hat spezielle Angebote für Familien und Kinder entwickelt, so dass der Museumsbesuch für alle zu einem großartigen und unvergesslichen Erlebnis wird. Freizeitangebote in den Ferien oder Führungen zu Kindergeburtstagen runden das Programm ab.

Auch für Schulklassen ist das Museum mehr als interessant Bereits von Anfang an wurde auf ein museumspädagogisches Konzept Wert gelegt, das zahlreiche Inhalte, die auch in den Lehrplänen der Schulen der meisten Bundesländer enthalten sind (insbesondere natürlich in Baden-Württemberg), mit den schweinischen Lieblingen der Kinder, wie z.B. Rennschwein Rudi Rüssel, verbindet.

Sollten Sie noch kein Faible für Schweine haben – spätestens hier werden Sie der Schweine- Leidenschaft hoffnungslos erliegen.

Und wenn Sie Lust auf eine kleine Schweinerei für Zuhause haben oder dem Nachbarn einmal eine Wildsau auf die Terrasse stellen wollen, dann werden Sie im zugehörigen Museumsshop sicherlich fündig. Hier findet jeder das passende Andenken an seinen schweinischen Ausflug.

SchweineMuseum
Alter Schlachthof Stuttgart
Schlachthofstraße 2 a
70188 Stuttgart

Tel. 0711 66419 600
www.schweinemuseum.de
saugut@schweinemuseum.de

▽ **Öffnungszeiten**
   täglich 11 – 19.45 Uhr
   (letzter Einlass 18.30 Uhr)

▽ **Preise**
   Erwachsene/ermäßigt   € 5,90 / € 5,00
   Kinder bis 4 Jahre frei, 4 – 6 J. € 1,50
   Kinder 7 – 14 Jahre   € 3,00
   vergünstigte Preise für Gruppen ab 25 Pers.

▽ **Führungen**
   nach Voranmeldung - auch in englischer,
   chinesischer oder russischer Sprache

▽ **Parkmöglichkeiten**
   sind ausreichend vorhanden

▽ **Sonstiges**
   Schlachthof ist alt, einen Fahrstuhl gibt
   es nicht, das Museum ist auf 2 Etagen verteilt

30 SchweineMuseum

31 Skimuseum

Seit über 100 Jahren zählt das Gebiet rund um den Kahlen Asten zu den größten Wintersportregionen Deutschlands, denn mit dem Anschluss von Winterberg an das Eisenbahnnetz im Jahr 1906 kam alsbald der Wintertourismus ins schöne Sauerland und es wurden die ersten Skiklubs gegründet.

Heute laufen in der »Wintersport Arena Sauerland« mehr als 100 Skilifte und moderne Beschneiungsanlagen gewähren Schneesicherheit während der gesamten Saison. Für Skiwanderer und Langläufer werden bei Schneelage über 500 Kilometer (!) Loipen gespurt.

Das 1998 eröffnete Westdeutsche Wintersport Museum in Winterberg-Neuastenberg, am Fuße des Kahlen Asten gelegen, dokumentiert auf 250 qm Fläche in Wort, Bild und mit ausgesuchten Exponaten die Entwicklung des Wintersports in der Region von seinen Anfängen bis in die Gegenwart.

In der Dauerausstellung erfahren Sie alles über die Entwicklung der Ski (vom geflochtenen Schneereifen über den gleitfähigen hölzernen Trittling über den einfachen Holzski bis hin zum Carving Ski mit High-Tech-Sicherheitsbindung) und die Geschichte des Skilaufs vom »Verkehrsmittel« zum Freizeitvergnügen sowie über die Anfänge und die Ausbreitung des Wintersports im Sauerland. Staunen Sie über Skiausrüstungen im Wandel der Zeit, vom Lederstiefel zum Kunststoffschuh und von der Woll- und Lodenjacke zur modernen Ski-Funktionsbekleidung.

Erfahren Sie mehr über den Skiclub Sauerland (jetzt Westdeutscher Skiverband), dessen Ziele von Anfang an darin bestanden, den Skisport in der heimischen Region zu fördern, denn erst durch die fachliche Anleitung und Betreuung der Verantwortlichen des SKS (WSV) entwickelte sich der Skilauf schließlich zum Volkssport.

Werfen Sie schließlich einen Blick in eine alte Stellmacherwerkstatt, in der die handwerkliche Fertigung der ersten Ski gezeigt wird.

Verbinden Sie schließlich Ihren Museumsbesuch mit einem »Einkehrschwung« im neu eröffneten Museums-Café-Bistro. Hier finden Sie Herzhaftes und Süßes, z.B. verführerisch duftende Waffeln! Ein gelungener Abschluss Ihres Museumsbesuches.

31 Skimuseum

Westdeutsches Wintersport Museum & Museums-Café im Schultenhof
Neuastenberger Str. 17 (an der Kirche)
59955 Winterberg – Neuastenberg

Tel. 029 81 / 92 02 29
www.skimuseum-winterberg.de
info@skimuseum-winterberg.de

▽ **Öffnungszeiten**
Sa + So 15 – 17 Uhr
und nach Absprache

▽ **Preise**
Erwachsene   € 3,00
mit Sauerland-Card   € 2,00
Kinder bis 15 Jahre € 1,50

▽ **Führungen**
für Gruppen nach Vereinbarung inklusive
Kaffee, Kuchen und Filmvorführung
Preis auf Anfrage

▽ **Parkmöglichkeiten**
ausreichend vorhanden

31 Skimuseum

32 Waloseum

Besuch doch mal den Wal!

Diesem Aufruf des Waloseums in Norden-Osterloog an der Nordseeküste folgen jährlich tausende Besucher und sind begeistert von dieser einzigartigen Ausstellung. Hier werden Fragen beantwortet, wie *Gibt es Wale in der Nordsee? Wie kommt ein Pottwal nach Norderney? Wo leben Basstölpel und wie sieht ein Seestern eigentlich von unten aus?*

Das Waloseum ist eine Einrichtung der Seehundstation Nationalpark-Haus und liegt nur fünf Kilometer östlich von Norddeich in Norden-Osterloog. Verschiedene Ausstellungen zum Anfassen und Mitmachen informieren die Besucher über die Bewohner der Nordseeküste.

Im Mittelpunkt des Waloseums steht natürlich das namensgebende präparierte Skelett eines 15 Meter langen Pottwal-Bullen, der im Jahre 2003 vor Norderney im Watt gestrandet ist. Lauschen Sie den Walgesängen, reisen Sie mit den Meeresgiganten durch die Zeit und bestaunen Sie die Entwicklung, das Leben und die Lebensräume nicht nur des Pottwals in der imposanten Ausstellung »Unterwasserwelten erleben«.

Infotafeln, Interaktionswände und Filmvorführungen vermitteln Ihnen phantastische, unvergessliche Eindrücke aus dem Reich der Wale und Delphine. Die obere Etage des Museums ist zahlreichen weiteren Bewohnern der Nordsee sowie der Vogelwelt der Nordseeküste gewidmet. Hier entdecken Sie die Anpassungsfähigkeit und vor allen Dingen die Vielfalt des einzigartigen Lebensraums Niedersächsisches Wattenmeer.

Gleichfalls im Waloseum befindet sich die Quarantänestation der Seehundstation Nationalpark-Haus, in der saisonal kleine Seehunde und gelegentlich auch Kegelrobben tierärztlich versorgt werden, bevor sie zu ihren Artgenossen in die Seehundstation Nationalpark-Haus in Norddeich gebracht werden. Dort werden – durch Störungen vom Muttertier getrennte und damit verwaiste – Seehundjungtiere (die sog. »Heuler«) gepflegt und aufgezogen, bis sie schließlich wieder in die Nordsee ausgewildert werden können.

Ein Besuch der Seehundstation Nationalpark-Haus ist ebenfalls unbedingt empfehlenswert!

32 Waloseum

Waloseum
Osterlooger Weg 3
26506 Norden

Tel. 04931 / 8919
www.waloseum.de
info@seehundstation-norddeich.de

▽ **Öffnungszeiten**
Wintersaison Ende Dezember – Anfang Februar
Sommersaison April – Oktober
jeweils von 10 – 17 Uhr

▽ **Preise**
Erwachsene   € 6,00
ermäßigt   € 5,00
Kinder 4 – 17 Jahre € 3,50
Gruppen ab 15 Pers. € 4,50 / Kinder € 2,50
Vergünstigte Kombi-Karten f. Seehundstation

▽ **Führungen**
während der Saison jeden Dienstag um 14 Uhr

▽ **Parkmöglichkeiten**
sind ausreichend vorhanden

▽ **Sonstiges**
Barrierefreiheit ist gegeben

32 Waloseum

33 Weihnachtsmuseum

Es war einmal...

So märchenhaft möchte man die Entstehungsgeschichte des Deutschen Weihnachtsmuseums beginnen. Bereits kurz nach der Eröffnung des heute weltbekannten »Weihnachtsdorfes« von Käthe Wohlfahrt in Rothenburg ob der Tauber im Jahr 1981, beschäftigte sich Harald Wohlfahrt erstmals mit dem Gedanken, das Weihnachtsfest »zu Urgroßmutters Zeiten« neu zu entdecken.

Aus der Erkenntnis, dass die vielen Facetten dieses traditionellen Festes in ihrer geschichtlichen Entwicklung es wert sind, dokumentiert und konserviert zu werden, wurde dann der Wunsch geboren, ein Weihnachtsmuseum zu schaffen. Dort sollte nicht nur der wunderschöne alte Christbaumschmuck aus deutschen Landen präsentiert, sondern auch und insbesondere die Geschichte des Festes und seine weltlichen Brauchtumsformen erforscht und dem interessierten Besucher vermittelt werden.

Mitten im Herzen der malerischen Stadt Rothenburg ob der Tauber im schönen Frankenland entstand dann dieses einmalige Weihnachtsmuseum. Hier begibt sich der Besucher auf eine Reise in die Vergangenheit. Schritt für Schritt wird er von der Romantik längst vergangener Weihnachtsfeste in ihren Bann gezogen. Die der Tradition verpflichtete Ausstellung ist ein wahrer Augen- und Ohrenschmaus, ein nostalgisches Fest für die Sinne mit glitzernden und funkelnden Christbaumkugeln, zauberhaften Engeln, grimmigen und fröhlichen Weihnachtsmännern sowie beeindruckenden Nussknackern und mannshohen Pyramiden.

Ein großer Bereich der Ausstellung widmet sich dem Christbaumschmuck in seinen vielfältigen Erscheinungsformen. Seine Entwicklung von den Anfängen um das Jahr 1500 (seinerzeit überwiegend bestehend aus Äpfeln, Oblaten, Nüssen und Lebkuchen) bis in die 50er Jahre des 20. Jahrhunderts wird in der Dauerausstellung geschildert und kann in dem stimmungsvollen Ambiente an unzähligen Exponaten nachvollzogen werden.

(Nicht nur) Weihnachts-Fans kommen hier im Deutschen Weihnachtsmuseum das ganze Jahr über auf ihre Kosten. Genießen Sie es!

33 Weihnachtsmuseum

Deutsches Weihnachtsmuseum GmbH
Herrngasse 1
91541 Rothenburg ob der Tauber

Tel. 09861 / 409365
www.weihnachtsmuseum.de
weihnachtsmuseum@wohlfahrt.com

▽ **Öffnungszeiten**
Januar – März nur eingeschränkt
April – Dezember täglich 10 – 17 Uhr
Sonderöffnungszeiten an Feiertagen

▽ **Preise**
Erwachsene	€ 4,00
ermäßigt	€ 2,50
Kinder bis 5 Jahre	frei
Kinder 6 – 11 Jahre	€ 2,00
Gruppen ab 15 Pers.	€ 2,50

Januar – März ermäßigter Eintritt

▽ **Führungen**
nur nach schriftlicher Voranmeldung
Dauer ca. eine Std., Eintrittspreis plus € 30,00

▽ **Sonstiges**
leider nicht barrierefrei

33 Weihnachtsmuseum

34 Weißwurstmuseum

Wurst zum Dritten: Im 1. Metzgerei- und Weißwurstmuseum dreht sich alles um des Gründers Liebling – die namensgebende Weißwurst.

Der Bayer isst sie schon zum Frühstück (jedenfalls vor Zwölfe) und der Preuße weiß oft gar nichts mit ihr anzufangen. Damit sich das ändert, hat der Inhaber Josef Wittmann der Wurst im Jahre 2011 ein eigenes Museum gewidmet, eine angemessene Würdigung des bayerischen Nationalgerichtes, das der Legende nach Ende des 19. Jahrhunderts eher durch Zufall entstanden ist. Einem Metzger und Gastwirt sollen zur Faschingszeit die Schafsdärme zur Füllung der Kalbsbratwurst ausgegangen sein und sein Lehrling – losgeschickt Nachschub zu besorgen – konnte bloß noch Schweinsdärme auftreiben. Aus Angst, dass diese ihm bis dato unbekannte Hülle beim Braten platzen könnte, warf der Gastwirt sie dann kurzerhand in den Kochtopf – die Weißwurst war geboren!

Im Museum erwarten den Besucher zahlreiche historische Maschinen und nostalgische Gerätschaften (frisch aufpoliert und glänzend rot lackiert), die zur Zubereitung von Fleisch und Wurst in längst vergangenen Zeiten benötigt wurden. Das älteste Exponat stammt aus dem 16. Jahrhundert ein gefährlich aussehendes Schlagbeil, das nun im Museum dank zahlreicher LED-Leuchten ins rechte Licht gerückt, präsentiert wird. Hier trifft Tradition auf Moderne. Zahlreiche Dokumente, Bilder und Fotografien geben Zeugnis der blutigen Arbeit in einer Metzgerei. Bei den auf Wunsch vom Inhaber selbst geführten Rundgängen bleibt keine Frage zur Wurst und deren Geschichte offen.

Im Museum werden zudem im Rahmen der »Weißwurst-Akademie« die sehr begehrten und stets ausgebuchten Weißwurst-Seminare angeboten, in denen der Teilnehmer alles über die Historie und die Geheimnisse bei der Zubereitung der Weißwurst erfährt. Der erste Teil des Seminars »Kopf und Handarbeit« endet mit dem Weißwurst-Examen, bevor im zweiten Teil »Gemütlichkeit und Genuss« das dazugehörige Diplom verliehen wird. Den Abschluss bildet dann das gemeinsame Weißwurst-Zuzeln, das klassisch von reichlich (und hier ökologischem) Weißbier, Brezn und guter Laune begleitet wird.

Versäumen Sie nicht dieses Erlebnis für alle Sinne!

1. Metzgerei- u. Weißwurstmuseum
Bahnhofstraße 21
92318 Neumarkt in der Oberpfalz

Tel. 09181 / 907426
www.weisswurstmuseum.de
info@hotel-wittmann.de

▽ **Öffnungszeiten**
　nach Vereinbarung

▽ **Preise**
Erwachsene	€ 4,00
ermäßigt	€ 3,50
Kinder	€ 3,00
Gruppen ab 10 Pers.	€ 3,50

▽ **Führungen**
　nach Absprache, Eintrittspreis plus € 40,00

▽ **Parkmöglichkeiten**
　direkt am Haus ausreichend vorhanden

▽ **Sonstiges**
　barrierefrei, nur am Eingang ist eine Stufe
　zu bewältigen

34 Weißwurstmuseum

35 Zündholzmuseum

Als in Grafenwiesen 1997 – 1999 ein Leitbild zur Dorferneuerung erstellt wurde, besann man sich auch auf die kulturelle und wirtschaftliche Vergangenheit der kleinen Ortschaft.

Bis in die späten 30er Jahre gab es nämlich hier und in der Umgebung noch viele holzverarbeitende Kleinbetriebe, wie Schachtelmacher, Besenbinder, Rechenmacher, Körbeflechter, Schnitzer, Holzschuhhersteller, Peitschengriffmacher und ähnliche Handwerke. Durch eine Reportage im Bayerischen Rundfunk wurde man dann auf einen Sammler aufmerksam, der seine Streichholzsammlung veräußern wollte.

Der Gemeinderat beschloss, diese Sammlung zu erwerben und das »Kulturgut Streichholz« durch die Errichtung des ersten deutschen Zündholzmuseums der Nachwelt zu erhalten.

Das Zündholz entwickelte sich im Laufe des 19. und 20. Jahrhunderts zum ebenso billigen wie unverzichtbaren Massenprodukt und Alltagsgegenstand. Im Bayerischen Wald entstand schließlich der Schwerpunkt der deutschen Produktion. Besonders im Tal des Weißen Regen prägte die Herstellung von Zündhölzern über Jahrzehnte hinweg den Alltag der Menschen. Die Zündholzfabrik Allemann in Grafenwiesen wurde wichtigster industrieller Arbeitgeber der Region, sie bot in den 1950er Jahren rund 350 Menschen Arbeit, musste 1986 aber schließen.

Das Museum präsentiert nun in einer Dauerausstellung die für die Region sehr bedeutende Geschichte der Holzverarbeitung und vorrangig des Zündholzes mit über 40.000 (!) Exponaten aus aller Welt und zwei Jahrhunderten. Selbstverständlich fehlen hier auch die jedem Erwachsenen seit Kindertagen bekannten »Welt-Hölzer« nicht. Das Museum zeigt ferner Teile einer umfangreichen Spezialsammlung von Zündholz-Behältnissen für Wand, Tisch und Tasche in allen Formen und Materialien, sowie ausgewählte Zündholz-Bastelarbeiten. Ein weiterer Schwerpunkt liegt auf dem »kleinsten Werbeplakat der Welt«. Thematisch wechselnde Präsentationen zeigen die unerschöpfliche Vielfalt der Zündholzetiketten. Eine Filmvorführung und ein Museumsquiz für Kinder runden das Angebot ab.

35 Zündholzmuseum

Zündholzmuseum Grafenwiesen e.V.
Schönbuchener Straße 31
93479 Grafenwiesen

Tel. 09941 / 940317
www.deutsches-zuendholzmuseum.de

▽ **Öffnungszeiten**
April bis Oktober
Mi, Do, So + Feiertage 14 – 16 Uhr

▽ **Preise**
Erwachsene	€ 2,00
ermäßigt	€ 1,50
Kinder bis 14 Jahre	frei
Kinder ab 14 Jahre	€ 1,50

▽ **Führungen**
ab 10 Personen nach Absprache
bei drei Tagen Voranmeldung

▽ **Parkmöglichkeiten**
sind vorhanden

▽ **Sonstiges**
leider nicht barrierefrei

35 Zündholzmuseum

Museen nach Themengebieten

Tierisches

	Seite
Giraffe	66
Schwein	130
Wal	138

Gegenständliches

Buddelschiff	22
Buddha	26
Cadillac	30
Drehorgel	38
Faltboot	46
Fingerhut	50
Flipper	54
Hubschrauber	70
Hut	74
Knopf	82
Lippenstift	86
Mausefallen	98
Nachttopf	106
Nummernschild	110
Ski	134
Zündholz	150

Kulinarisches

	Seite
Bonbon	14
Bratwurst	18
Currywurst	34
Gewürz	62
Käse (Brot/Schinken/Bier)	78
Milbenkäse	102
Pfefferminz	114
Schnaps	122
Weißwurst	146

Sonstiges

Duft	42
Friseur	58
Lügen	90
Luft	94
Scherenschnitt	118
Schnarchen	126
Weihnachten	142

Fortsetzung folgt...